摔跤——世界上最早的竞技

盛文林/著

台海出版社

图书在版编目（CIP）数据

摔跤：世界上最早的竞技／盛文林著． －－ 北京：
台海出版社，2014.7
（全民阅读体育知识读本）
ISBN 978 - 7 - 5168 - 0422 - 3

Ⅰ.①摔… Ⅱ.①盛… Ⅲ.①摔跤 - 基本知识
Ⅳ.①G886.2

中国版本图书馆 CIP 数据核字（2014）第 175049 号

摔跤：世界上最早的竞技

著　　者：盛文林

责任编辑：王　萍　　　　　　　装帧设计：视界创意
版式设计：林　兰　　　　　　　责任印制：蔡　旭

出版发行：台海出版社
地　　址：北京市朝阳区劲松南路 1 号　邮政编码：100021
电　　话：010 - 64041652（发行，邮购）
传　　真：010 - 84045799（总编室）
网　　址：www. taimeng. org. cn/thcbs/default. htm
E - mail：thcbs@ 126. com

经　　销：全国各地新华书店
印　　刷：北京一鑫印务有限公司
本书如有破损、缺页、装订错误，请与本社联系调换

开　　本：655 × 960　　　1/16
字　　数：130 千字　　　　　　印　　张：11.5
版　　次：2014 年 10 月第 1 版　印　　次：2021 年 6 月第 3 次印刷
书　　号：ISBN 978 - 7 - 5168 - 0422 - 3
定　　价：29.60 元

前　言

　　摔跤被公认为是世界上最早的竞技体育运动。相传，神话中的英雄捷谢伊——雅典民主奠基人，从雅典女神那里学来了摔跤规则，从而发展了摔跤运动。两名运动员徒手相搏，按一定的规则，以各种技术、技巧和方法摔倒对手。当时有人这样评价："摔跤是最完善、最全面、最协调的一项运动，它是全部体育运动的结晶。"

　　世界各国都有其民族特点的摔跤形式和方法。中国的摔跤，苏联的桑勃，日本的柔道和相扑，以及古典式角力、自由式角力等均属摔跤范畴，都有自己形式的摔法和比赛规则。希腊、中国、日本以及埃及等国家的古代文献中都有相关的文字记载。

　　当古代奥林匹克诞生之时，摔跤早就是一项古代运动了。通过一种力量的表达，摔跤越来越受大众喜爱，进而成为历届奥运会的主要比赛项目。

　　在古代奥运会中断约 1500 年后，现代奥运会于 1896 年兴起，摔跤也随即找回了在奥运会中的位置。组织者在寻找与古代奥运会直接联系过程中，毫不犹豫地选中了这项曾在古代风靡世界大多数地方，从希腊、亚述、巴比伦到印度、日本、中国的摔跤运动，重现了人类最古老的运动。

　　本书从摔跤的起源、发展、规则礼仪、技术以及战术等各个方面，对摔跤运动进行了详细的介绍，具有很强的实用性和知识性，是青少年学生学习和了解摔跤运动的最佳读物，也希望本书对摔跤运动爱好者和入门者有所帮助。

目　录

PART 1 项目起源

摔跤运动的起源

摔跤，重竞技运动项目之一，被公认为是世界上最早的竞技体育运动，是人类进化与生活过程中逐渐演化形成的，并最终发展为一种竞技运动项目。

根据文字记载和传说，早在原始社会就有了摔跤活动。当时，人们为了求得生存，在与自然界进行斗争的过程中，在部落之间的冲突中，利用自己的力量、技巧取得食物和进行自卫，从而产生了古代的摔跤。摔跤被普遍认为是世界上历史最悠久的竞技运动，古埃及人5000多年前的壁画上就已经出现了摔跤的图案。当古代奥运会在公元前776年举行的时候，摔跤自然成为了其中的比赛项目，此后，摔跤便一直是奥运会中的主要的比赛项目之一。

古希腊人非常崇尚摔跤运动。相传，神话中的英雄捷谢伊——雅典民主奠基人，从雅典女神那里学来了摔跤规则，从而发展了摔跤运动。当时希腊有许多著名的哲学家、诗人和军事将领都是摔跤高手，如古希腊著名的唯心主义哲学家柏拉图（公元前427～公元前347年），就是当时的摔跤名将。

柏拉图

现代摔跤运动起源于希腊，随着社会的进步和发展，人们逐渐制定了比赛规则，摔跤变得文明起来。

古典式摔跤以前称为希腊罗马式摔跤。它起源于古希腊。公元前2世纪末，罗马帝国出兵侵略希腊，占领者在征服希腊之后，将自己国家原有的摔跤与希腊式摔跤相结合，并在此基础上发展与创新，产生了希腊罗马式摔跤。因为希腊罗马式摔跤出现于希腊奴隶制经济的繁荣阶段，该时期在历史上称为希腊古典时期，所以这种摔跤最初被称为古典式摔跤。这项运动在希腊的不断发展和在欧洲其他国家的推广，这对古典式摔跤的形成起到了积极的促进作用。18世纪90年代，法国的一些喜爱这项活动的人自动组织职业摔跤班子，到许多地方巡回表演，后来逐渐成为一种比赛，使古典式摔跤逐渐发展起来。

在古典式摔跤兴起的年代，欧洲又出现了另一种摔跤——自由式摔跤。这种摔跤与古典式摔跤基本相同，差异之处在于选手可以用手臂抱对手的下肢，还可以用腿绊，其技术比古典式更为丰富，被称为"想抓哪就抓哪"的运动。19世纪，英国人制定了较为明确的自由式摔跤规则，所以自由式摔跤最后定型于英国。

自由式摔跤又称自由式角力，比赛时可以手足并用，可以抱头、颈、躯干、上下肢、缠腿、勾足、挑腿等，但不许抓衣服，不许使用反关节和窒息动作。将对手摔倒后使其双肩触及垫子者为胜，如在规定的时间内未出现这种情况，则按两个回合中得分的多少判定名次。在最初的比赛中，选手们不分级别都在一起参加比赛，这样体重较重的就占有一定优势，比赛中经常出现大块头轻松战胜体重较轻的选手的场面，比赛呈现一边倒的局面。此后，摔跤比赛开始按体重分级别进行。

古代女子摔跤场景

自由式摔跤技术除了包括希腊罗马式摔跤技术外，还有用手臂握抱对方下肢的动作和用腿使绊的方法。站立摔时，抱住对方一腿或两腿，把对方摔倒的方法是现代自由式摔跤站立技术的主要攻守方法。握抱对方的头颈、躯干或四肢后，用腿脚勾绊对方腿脚的摔法很多，如握臂抱腿里勾、在跪撑中手脚并用的骑缠，是应用最多的、威胁性最大的进攻方法。

随着奥运会在全球范围内影响的不断扩大，以及体育运动本身所体现的公平、公正、顽强、拼搏的特征，女子体育运动在这一领域不断地扩大和发展。过去被视为女子运动禁区的许多项目，相继得以开展，女子摔跤便是其中之一。

中国式摔跤的起源

蚩尤戏

摔跤是一项非常古老的体育运动项目，在中国有数千年的历史，经历了许多变化和曲折才形成了漫长的摔跤发展史。

中国古代没有"摔跤"一词，最早是用"角抵"、"角力"，以后又有"手搏"、"相扑"、"拍张"等等。它的起源可以追溯到还没有文字记载的远古。在秦汉时期流传着这样一个传说，大约在距今4600多年前，黄帝的部落与蚩尤的部落在涿鹿进行了一次大战，蚩尤部落的人头上戴着角，"以角抵人"，锐不可当。所以后来这一带的老百姓中流传着一种头戴牛角，三三两两互相抵斗的游戏，叫做"蚩尤戏"（《述异记·卷上》）。这种角抵是中国最古老的格斗形式之一，后来的一些对抗性的体育活动像拳术、摔跤，都与角抵有直接的关系。

在西周，人们把徒手搏斗称为"角力"，是一项很重要的军事训练内容。每年冬天，周朝的天子就要把他的将帅们召集在一起，让他们练习射箭和角力，并亲自检查训练效果。由于角力也是一种比赛，角力的双方不仅要斗力、斗勇还要斗智、斗谋才能制服对手，这对于那些熊腰虎背、爱好冲锋打仗的武士们来说，也是一项很富有刺激性的娱乐活动。所以，到春秋战国时期，这种徒手肉搏的角力实际上成了一种练武与娱乐结合在一起的活动，人们常常以角力取乐。

1955 年在陕西长安县客省庄出土的一件青铜制成的战国时期的摔跤透雕，使人们看到了当时民间角力的生动情景。只见两个大汉只穿着长裤，上体赤裸，各自一手扣住对方的腰，一手扳对方的腿，纠缠在一起，相持不下，难解难分。大汉们的身后各有一匹马，在静静地等待着这场比赛的结果。这是至今人们所看到的中国古代最早的摔跤形象。

春秋战国是奴隶社会向封建社会过渡的大变革时期，列强对峙，互相攻伐，战争频繁，作为军事训练的摔较活动也得到广泛的开展。《公羊传》中记载，宋闵公手下有一员大将叫长万，是当时闻名于世的大力士，由于宋闵公揭露长万曾被鲁师所俘，故"万怒，搏闵公，绝其脰"。结果，宋闵公被长万摔死。

战国角抵图铜牌饰（陕西长安县客省庄出土）

秦始皇统一中国后，认为从此天下平定，可以永享太平了，禁止老百姓私藏武器，练武习武的风气也衰落下去。角力改为"角抵"，成为一种专门供宫廷欣赏的表演，叫做"角抵戏"。秦朝的第二个皇帝胡亥就很爱看角抵，当这位秦二世在甘泉宫中有滋有味地欣赏角抵戏的时候，什么人也别想打扰他，就是丞相李斯有重要的国事来求见，也要吃闭门羹（《史记·李斯列传》）。

到了西汉，国力强盛，统治阶级文化娱乐的需要更加强烈，于是，角抵戏的内容不断增加，最后发展成为一种红红火火、热热闹闹的包括角力、歌舞、杂技、魔术等各种娱乐形式为一体的大型综合性表演。角力虽然只是其中的一项表演，但是深受人们的喜爱。汉代的许多皇帝，包括汉武帝都是角抵戏的热心爱好者和支持者，特别是汉哀帝对别的文娱活动都没有兴趣，唯独喜欢看角力比赛（《汉书·哀帝纪》）。一些高官显贵也精于摔跤，如汉武帝的重臣，金日磾（di）就善于摔跤，当他发现莽何罗谋反时，采用摔胡手法，一下子就将莽何罗摔在殿下（《汉书·金日磾传》）。

三国时吴国的亡国之君孙皓（公元 242～283 年），也喜欢观看相扑。但是像许多昏庸的帝王一样，孙皓也有着病态的观赏心理，他命令宫女们头戴饰有垂珠的金首饰进行相扑比赛，供他取乐，在相扑

汉墓帛画角抵图

中这些贵重的首饰大量损坏，就让工匠们不断制作新的更换。

从出土文物来看，到汉代已经有了几种不同类型的摔跤，一种是上面提到的战国摔跤透雕中的摔法，一手抱对方的腰，另一手扳对方的腿；另一种摔法是1975年出土于湖北江陵凤凰山秦墓中木篦上的漆画

《摔跤图》中的方式：无固定抱法，可使用击、打、摔、拿等多种形式；还有一种是吉林集安洞沟出土的东汉高句丽角力图中的固定搂抱对方腰部的摔法。这些出土文物中的角力者都是上体裸露，只穿长裤，或者短裤，孔武有力的壮汉。

摔跤是一种格斗技术，它需要各种类型摔跤好手之间的较量、切磋，以便从不同流派、不同风格的摔拿搏击方式吸取营养发展起来。中国古代摔跤家们这种交流的机会是很多的，如与摔跤术颇为发达的西域的交流就频频出现于史书，上面提到的金日磾就来自匈奴。当然，由于当时人们狭隘的民族情绪，常使这种较艺交流成为生死之争，有时会出现伤残甚至摔跤手当场殒命的严重后果。如晋武帝司马炎时，从西域来

木刻摔跤图拓本。图中两位跤手脑后梳有发辫，身着短衣褡裢，腰束宽带。

了一个精于摔跤的胡人，所向披靡，晋人不敢与他交手，晋武帝感到面上实在无光，就到处招募勇士，最后征召到有一身勇力的庾东，与这个胡人进行了激烈争斗，将其摔死（《晋书·庾阐传》）。

由于摔跤逐渐成为酒宴庆典、招待来宾时的一项不可缺少的表演内容，从南北朝开始在宫廷卫队中就逐渐出现了"角抵队"，专门练习和表演角抵（《隋书·礼仪志七》）。到唐朝，这种专业的摔跤手有了更加正规的组织叫"相扑棚"，这种专门为宫廷进行表演的职业相扑队中集中了摔跤的高手，例如，唐代后期一个名叫蒙万赢的摔跤手，反应灵敏，动作迅捷，十四五岁便被选进了相扑棚，长大后，与人相扑，所向无敌，不知赢了多少场比赛，因此，不仅得到丰厚的赏赐，还得到"万赢"的美称（《角力记·考古》）。

唐代的皇帝，如穆宗、敬宗、文宗、僖宗都是摔跤的热心观众。唐代的摔跤比赛往往是在各种节目都演完了之后，作为压轴好戏最后上场，把整个表演推向高潮。摔跤是在十分浓烈的气氛中进行的，先由左右两队雄壮的军汉把大鼓敲得响彻云霄，在震得人心都要跳出来的鼓声中，摔跤壮士们袒露上体，亮出肌肉发达的铜肩铁臂，雄纠纠、气昂昂地登场，然后，你来我去，搂腰勾腿，使出浑身解数，不决出个高低雌雄，绝不罢休。

摔跤比赛往往进行得十分激烈，常常会发生"碎首折臂"的事故（《旧唐书·敬宗纪》）。比赛在一些技艺高超的力士们之间常常要持续很长时间，依然难分难解，就像当时有人在墙壁上画了一幅摔跤图，其上有一黑一白两条壮汉扭在一起，各不相让。并题诗道："愚汉勾却白汉项，白人捉却愚人骹（即小腿）；如人莫辨输赢者，直待墙颓始一交"（《角力记·杂说》）。这里作者非常幽默地说，只有等到墙倒了两人才能摔倒在地。

　　摔跤在唐代军队中也开展得相当普及，军中也出现了一些善于相扑的摔跤高手，这些人粗犷勇武、气势豪迈。《唐语林》卷四中记载了这样一个故事，镇海守军的四名摔跤好手，名叫富苍龙、沈万石、冯五千、钱子涛，在比赛前得到了一次特殊的"犒劳"，人们煮了一大锅半生不熟、连筋带皮的老牛肉，切成大块，盛在大盘中请他们吃。其中三人看了心中发怵，不敢下口，只有冯五千，环眼圆睁，双手拿过来，大嚼大吃。吃过后，进行摔跤比赛，冯五千大获全胜。在唐代，普通老百姓也很喜爱摔跤，上面提到的宫廷相扑棚中的摔跤高手蒙万赢成名后，经常被请去在民间传授技艺，跟他学艺的青年人先后有数百人之多（《角力记·考古》）。

　　有的人甚至因为徒手格斗技术高明而当上了大官。如五代时，灭了后梁，建立后唐，称帝的庄宗李存勖很喜欢角抵，与人比赛时经常取胜。天祐五年（公元908年）他对膂力出众，善于角抵的李存贤开玩笑说，跟你摔一跤，如果你赢了，我赏你一个郡。当下两人就交起手来，结果李存贤赢了，庄宗就封他为蔚州刺史（《旧五代史·李存贤传》）。

　　宋代的摔跤在社会上更加普及，那种专为宫廷进行表演的职业摔跤手的人数越来越多。这些人在宋代叫做"内等子"，是一支有120个名额的队伍。这些人不是从市井里找来的能打架的乌合之众，而是从军队里精选出的摔跤好手，由"隶御前忠佐军头引见司"管理，有了固定的选拔比赛制度，按照各人技艺水平的高低，领取不同薪饷。"内等子"不仅在宫内为皇帝摔跤，博得王公贵族的一笑，而且在皇帝出行时，握拳护卫在御驾左右，充当保镖（《梦粱录》卷二十）。随着城市的发展，市民文化娱乐的需要，在民间也出现了大量的民间相扑艺人。这些走江湖的艺人，靠卖艺吃饭，往往身怀绝技，大大促进了摔跤技术的提高，从他们的江湖艺名或诨号中我们便可想象出他们高超的技艺：

撞倒山、铁板沓、宋金刚、倒提山、赛板沓、周急快、董急快、王急快……（《武林旧事》、《梦粱录》）。

宋代女子相扑

宋代还出现了女相扑艺人，据吴自牧的《梦粱录》记载，临安就有名叫赛关索、嚣三娘、黑四姐、张椿等10人，她们常参加比赛，并得到奖品。史料中记载宋仁宗嘉祐年间正月十八日，仁宗在宣德门观赏各类艺人的表演，其中就有女相扑艺人裸露上身，进行的摔跤表演，并得到皇帝的赏赐（清俞曲园《茶香室丛钞·续钞》）。宋代著名史学家司马光得知此事后，感到女艺人不着上衣，在大庭广众之前摔跤，大违礼法，专门上书仁宗，要求加以取缔，使"今后妇人不得于街市以此聚众为戏"（《司马温公文集》卷三）。这些民间的相扑艺人还成立了自己的组织"角抵社"，这大概是中国历史上最早的"摔跤协会"了。由于摔跤在社会上产生了很大的影响，引起了一些文人的浓厚兴趣，感到有必要认认真真对这个题目做一番研究了，于是，在这时出现了一部回顾摔跤发展演变过程的著作，这就是调露子的《角力记》，这本距今有1000多年的角力专著也是我国最早的一部体育史著作。

规则

比赛中间不许抓住裈儿和拽起袴儿，但可以拽直拳，使脚剪，拳打脚踢都行，这与日本的相扑从场地、仪式到规则都基本上近似。比赛结束，获胜者可得银碗等奖品。清代设有善扑营，专门训练清朝贵族青年摔跤，他们常为王公贵族表演，或与蒙古族、回族摔跤手比赛，这叫官跤，摔跤手和教练员都是终身职业。华北等地民间摔跤叫私跤。摔跤者穿特制的短上衣（叫褡裢），系腰带，

中国式女子摔跤比赛

穿长裤，衣、带可以抓，全身可以握抱，但不许抓裤子，不许击打，不许使用反关节动作，三点着地（两脚加一手一膝着地）为失败，三跤两胜，没有时间限制。练习或比赛由有技术权威的年长者主持，充当教练和裁判。民国时期在北京、天津等地有不少人以表演摔跤为职业。当时的武术组织中央国术馆和精武体育会也有摔跤科目，曾举行过几次全国性比赛。1936年，还进行过女子摔跤比赛。

得分标准

中国式摔跤根据使用动作的质量和倒地的情况得分标准有4种，即1分、2分、3分和互不得分。

3分：将对方摔成两脚同时离地，有一腾空的过程，并使其躯干或头着地，而自己仍保持站立姿势。如被摔倒的运动员倒地后不松手，把对方拉倒，仍可判胜者得3分。

2分：（1）将对方摔倒使之躯干着地，但无腾空过程，自己保持站立。（2）将对方摔成两脚同时离地，有一腾空过程，使之躯干或头着地，自己虽然站立，但用手撑在对方身体上。（3）使用跪腿摔将对方

摔倒，并使其躯干着地，自己上体仍保持平衡，即对方倒地后，自己手不扶地，上体未趴在对方身上。

1分：（1）将对方摔成手、肘、膝着地。（2）将对方摔倒，自己也随着倒地。（3）双方同时倒地，躯干在上者。（4）一方受到警告，判对方得1分。（5）使用跪腿摔，使其倒地，自己失去平衡。互不得分：双方倒地后，分不出先后和上下，则判互不得分。

服装

摔跤衣

（1）摔跤衣用六层布制成，在领襟、胸襟、小袖抓握部位要缝的比后背部位稍密。

（2）中号规格的摔跤衣适合身高161厘米～170厘米的运动员穿着，大号和小号摔跤衣规格尺寸较中号增减4厘米，袖口增减2厘米。

特号跤衣比中号跤衣的尺寸增加8厘米，袖口增加6厘米。小叉10厘米。

（3）颜色：摔跤衣分为大红和天蓝两种颜色。前襟、下口及袖口的边要有宽3厘米的花边。颜色美观、大方、协调，应有民族特色

中国式摔跤

（4）摔跤带用六层布制成，颜色同摔跤衣。特号长4.4米；大号长3.7米；中号长3.4米；小号长3米；带子宽2.5厘米。

（5）表演摔跤衣尺寸同比赛摔跤衣，但外层用绸缎。

（6）运动员着摔跤衣后屈臂 90 度，袖口要有一拳的空隙。

摔跤裤

（1）灯笼裤

（2）颜色与摔跤服相同

（3）裤腿底部与胫骨下段距 14 厘米

摔跤靴

软底高腰靴

四大流派

北京摔跤

北平摔跤是继承清代善扑营的正统流派，因是在满族中间开展的，所以也称为"满人摔跤"。北京跤重视力量，比赛时动作看似缓慢而拘紧，架式相较其他流派的小，所以也称为"小架式"，俗称"黄瓜架"。这派近代名手有：闪电宝，其后继承的人有：沈有三、宝善林、杨春恒等。

天津摔跤

天津摔跤是保定摔跤和北平摔跤的中间型摔法，动作非常粗野刚猛。比赛时，动作比保定摔跤慢，比北平摔跤快，从各方面来看，都是两者的中间型。这派近代名手有：李瑞东与其后穆祥魁、刘少增、卜恩富等人。

保定摔跤

保定摔跤因在汉族人中间开展，所以也称为"汉人摔跤"。比赛时，两人未及站好就敏捷地靠近，手一搭上就立即摔倒。因这种技术快速，也被称为"快跤"。这种摔跤重视技术速度，是大架式。保定摔跤以擅用"撕、崩、捅"技巧闻名。这派近代著名的摔跤手有：平敬一、张凤岩、白俊峰等人。后继者有：常东升、常东如、常东坡、常东起四兄弟和阎益善、马文奎等。

济南摔跤

济南摔跤既继承了其他三派的风格，又融合了山东本地及河北回民的武术动作，自成一家，风格迥异，因是在回汉族中间开展的，所以也称为"全人摔跤"。济南跤重视动作，比赛时动作看似缓慢而拘紧，实则快速而多变，动作大开大合，小活也十分细腻，架式相较其他流派的大，所以也称为"大架式"，俗称"跳黄瓜架"。济南派近代名手有：谭树森，佟顺禄，其后继承的人有：汪建、谭强、洪连伟、刘青海等。

PART 2　历史发展

最古老的奥运项目

摔跤是最古老的奥运项目。当古代奥运会在公元前 776 年举行的时候，摔跤就已经成为必然的比赛项目，此后摔跤便一直是奥运会中主要的比赛项目之一。

当时，古代奥运会比赛共进行五天，摔跤比赛放在第四天。比赛在沙土地上进行，规则也较为简单，比赛不分体重级别，不受时间限制，如果比赛时间太长，规则允许双方运动员站着或蹲着休息，然后再继续比赛，直至决出胜负。规则还规定禁止使用拳头击打对方。每场比赛以三跤为胜，只要把对方摔倒使其身体的某一部位着地，就算赢一跤。

古罗马作家瑟涅卡所著的《论善行》中就有这样的记载："被摔倒过三次的运动员便被判失败。"比赛采用淘汰制，比赛开始前，采用抽签的方法，把申请参赛的运动员一对一地分开，输了就被淘汰，获胜者再互相比赛，直至最后一人获胜。如果参赛者是单数，则必然就有一人轮空，希腊人称轮空者为"艾菲德尔"，即"幸运者"的意思。但实际上，这种"幸运者"却是最大的"倒霉者"，因为人们认为这种轮空的人取得胜利，远远比不上通过全部比赛而夺得冠军的人光荣。所以，轮空者获得冠军，名字记在另册即"幸运者胜利者"的名单中，根本不能与不轮空的优胜者相提并论。比赛结束后，获胜者要举行一次庆祝活动，首先由获胜者庄严宣誓，并进行献祭，接着大家饮酒作乐。这种活动一般都从当天晚上开始，直到第二天清晨结束。

训练摔跤

比赛前，运动员全身要涂一层橄榄油，目的是为了滋润皮肤，防止被烈日晒伤。比赛结束后，运动员便用金属小刀或骨制刮刀刮去全身的油污和沙粒、泥土。

比赛中，运动员经常采用的技术有推、拉、抱、绊等。而抱腿是运动员最喜欢使用的一种技术。比赛时，光战胜对手还不够，动作还必须优美，所以，古希腊人称摔跤是"科学和艺术"。

而且，运动员经常在比赛中采用一些简单的战术。相传有一名有经验的运动员，比赛一开始，就装出一副难以对付的样子，两臂一伸，一动不动地站在那里，同时两眼密切地注视着对方，利用对方的微小错误，突然进攻，把对方摔倒。利用战术，以小胜大的例子在古代奥运会的摔跤史上不乏其人。在公元前 389 年举行的第 98 届古代奥运会上，伊利斯的选手阿里斯托德莫斯就利用战术战胜了众多大块头的对手而夺得冠军。

为了参加古代奥运会，运动员每天都要进行训练，训练场地上先洒一些水，然后再铺上一层细土，沾上泥土的身体打滑，这样就能增加抓握的难度，提高技术，同时，运动员摔在泥土上也不至于受伤。

古代奥运会涌现出不少著名跤手，如赫波斯特勒斯在公元前 632 年的第 37 届古代奥运会中，首次获得少年冠军，尔后又在第 39～43 届古代奥运会的摔跤比赛中，五次蝉联冠军称号，亚历山德里亚的伊舍多累斯在公元前 272 年举行的第 127 届古代奥运会的摔跤比赛中，战胜了所有的对手，荣获"不败人"的光荣称号。此外，古代奥运会史上最享盛誉的摔跤手便是米隆了。米隆少年时代就参加比赛，在长达三十余年的竞赛生涯中，一直保持着"胜利者"的称号，这在人类竞技运动史上实属罕见。

古希腊陶瓶彩画

公元 394 年，罗马皇帝蒂奥多西宣布废止奥林匹克运动会后，摔跤运动并没有消亡，而是继续流行，参加此项活动的不仅仅是平民百姓，还有士兵和贵族。在古代奥运会废止至创办现代奥运会之间的漫长历史长河中，世界上组织举办过成百上千种不同形式的活动，它一直演变至今，成为联系古代奥运会和现代奥运会的富有生机的纽带。

1896 年，第一届奥运会在雅典举行，当时比赛共设有田径、游泳、

摔　跤

举重、射击、自行车、古典式摔跤、体操、击剑和网球 9 个大项，这些项目都延续到了如今的奥运会。

　　随着奥运会的日益发展，其比赛项目也逐渐增多。2013 年 2 月 12 日，国际奥委会执行委员会在瑞士洛桑召开会议，确定了 2020 年夏季奥运会 25 个核心大项的推荐名单，其中摔跤落选。

　　会议中，15 名国际奥委会执委一共进行了 4 轮投票，虽然现代五项、羽毛球和跆拳道在此前一度被外界认为"境遇危险"，但摔跤在四轮投票中皆排名垫底，理所当然地被"摔"出了奥运舞台。

　　但令人稍感欣慰的是 2013 年 9 月，在国际奥委会第 125 次全会上投票决定，摔跤成为 2020 年和 2024 年奥运会的临时大项。

　　奥运项目如何设置，在《奥林匹克宪章》中都有明文规定：奥运男子项目至少要在四大洲 75 个国家和地区广泛开展，女子项目至少要在三大洲 40 个国家和地区广泛开展，同时，该项目的国际单项体育组织要得到国际奥委会的承认，才有可能被列为奥运会正式比赛项目。

　　一个新的项目要列入奥运会正式比赛项目，必须在 7 年前提出申请，经国际奥委会批准，先列入奥运会表演项目。被接受后，再在 4 年后的下届奥运会列入正式比赛项目。

有增就得有减，2002 年 11 月，国际奥委会在墨西哥城会议中决定，每届奥运会之后，将对各项目进行评估，以考察其是否继续保留在奥运会中。评估指标共分传统与历史、广泛性、受欢迎程度、形象、运动员健康、单项体育联合会发展状况以及开展成本等 7 个大项、33 个小项。

2016 年里约热内卢奥运会标志

像北京奥运会后，棒球和垒球的出局，以及女子拳击进入伦敦奥运会，高尔夫进入 2016 年里约热内卢奥运会都是国际奥委会通过相应的评估才做出的决定。

古典式摔跤

1896 年在雅典举行的第 1 届现代奥运会上，就设立了古典式摔跤项目。现代奥运会的组织者在寻找与古代奥运会有直接联系的体育项目的过程中，自然而然地选中了摔跤运动。

古典式摔跤又称古典式角力，18 世纪末 19 世纪初法国盛行摔跤。后国际奥委会认为法国摔跤就是古希腊和古罗马时期的摔跤，故将法国

希腊摔跤运动员铜像

摔跤命名为希腊罗马式摔跤。在古典式摔跤比赛中，摔跤选手只能用双臂和上半身去攻击对手，也只能扭抱对手的这些部位。不许抓衣服，不准用手和腿进攻对方的下肢，只许用手臂抱头、颈、躯干和上肢。

将对方摔倒后使其双肩触及垫子者为胜，如在规定的时间内未出现这种情况，则按两个回合中得分的多少判定名次。

自由式摔跤

从 1904 年的第 3 届奥林匹克运动会开始，自由式摔跤被列为奥运会比赛项目。1912 年，国际业余摔跤联合会（FILA）正式成立。根据该会章程规定，古典式摔跤、自由式摔跤被列为国际比赛项目。

国际摔联的成立极大地推

国际业余摔跤联合会（FILA）

动了古典式摔跤、自由式摔跤运动在世界范围内的传播，使摔跤运动在五大洲得以蓬勃发展。迄今为止，国际摔联拥有 153 个会员协会。分布的情况是：亚洲 33 个，欧洲 45 个，非洲 34 个，美洲 28 个，大洋洲 13 个。国际摔联管理和负责古典式、自由式摔跤的所有赛事。

女子摔跤

1984 年国际业余摔跤联合会（FILA）承认女子摔跤运动。但女子摔跤只设立自由式一项，其规则几乎和男子自由式摔跤一样。1989 年 8 月，在瑞士举办了第 1 届世界女子摔跤锦标赛。从此以后，女子摔跤每年都举办一届世界锦标赛。直到 2004 年希腊雅典奥运会，女子摔跤才被列为正式比赛项目。

为了女子摔跤能进入奥运会，国际业余摔跤联合会（FILA）做了大量的工作。最主要的手段是，减少男子摔跤的级别。最早古典式摔跤、自由式摔跤各有 10 个级别，后来各压缩成 8 个级别，后来又各自减少一个级别，这样各项就只有 7 个级别了，这才使得女子摔跤能够进入奥运大家庭。奥运会女子摔跤只设立 4 个级别的比赛。

中国女子摔跤

摔跤是奥运会最古老的项目之一，是力量与技巧的完美融合，同时也是奥运会之中的金牌大项，包括男子自由、古典式各 7 块金牌，女子 4 块金牌，总共 18 块金牌。摔跤属于重竞技活动，中国队只有盛泽田连续获得过三届奥运会的古典式摔跤铜牌。至 2014 年雅典奥运会，中国摔跤才取得历史突破，王旭在女子 72 公斤自由式摔跤夺取了首金；男子项目也在 2006 年广州举行的世锦赛中取得金牌突破，李岩岩夺得男子古典式 66 公斤级冠军。

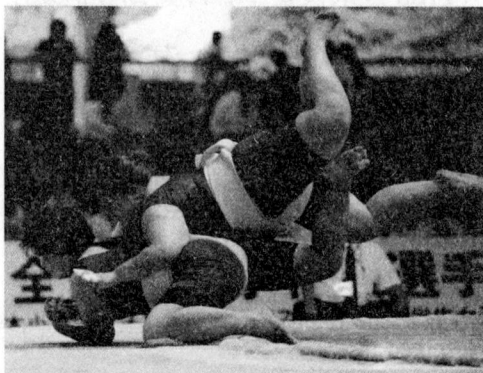

日本国技

中国女子摔跤从 20 世纪 80 年代开始就已经在国际上声名鹊起。尽管在那个时候，日本人就以"国技"的名义在这个领域称雄世界。

后来，在一九八几年的国际邀请赛上，不被对手放在眼里的中国女摔队员们一次又一次地在日本的土地上把东道主狠狠地摔在垫子上，席卷了 4 个冠军中的 3 个。当时到现场看比赛的日本观众都站了起来，为中国队叫好。

自此之后，经常能看到中国姑娘站在最高的领奖台上。在世锦赛上，中国队取得过十多个世界冠军。一时间，中国女子摔跤走在了世界的前端。

时间又过了几年，女子摔跤开始不受重视，各省的摔跤队纷纷解散，最后连国家队都没有了。

很快，中国女摔在国际上的领先地位变得荡然无存。

1998 年，女子摔跤要进奥运会的消息不胫而走，中国也开始慢慢恢复女子摔跤这个项目，而这个时候，中国队的水平已经远远落后于其他国家。本来走在别人前面的摔跤项目，现在却落在了别人后面。

2001 年世锦赛，中国队有点令人吃惊地取得了一金一银一铜的好成绩，这让追赶中的中国女子摔跤激动不已。同年 9 月，国际奥委会最终作出决定，自雅典奥运会开始，增加女子自由式摔跤这个项目。这更加坚定了中国大力发展这个项目的决心。

王旭打破日本女子摔跤选手垄断摘下一金

2004 年 8 月 23 日雅典奥运会女子自由式摔跤 72 公斤级的决赛中。日本女子摔跤的"旗帜"滨口京子被死死地压在垫子上的时候，她眼里的杀气渐渐地退去了，选美这块赛前全日本都以为她稳拿的金牌就这么从眼前溜走了。而把她压在身下的那个人，是年仅 19 岁的北京姑娘王旭。中国女子摔跤就这样从日本队手中抢得了这个项目第一块奥运会的金牌。名不见经传的王旭在雅典奥运会拿到的这块金牌，给这个尚在复兴中的项目注入了新的动力。

日本曾是女子摔跤界中绝对的强者，拥有覆盖所有级别的实力，日本在雅典奥运会上拿下了 4 枚女子摔跤的奖牌，其中 2 枚金牌，在所有参赛代表团中排名第一。从那之后，日本一直统治着女子摔跤界。

日本队的代表人物是 55 公斤级的吉田沙保里，她是 2004 年雅典奥运会的冠军，截至 2007 年，她已经连续 5 次获得了世锦赛冠军，并延续着自己国际比赛连续百场不败的记录，目前她已经在国际比赛里连续获胜 119 场。

伊调姐妹——48 公斤级的伊调千春和 63 公斤级的伊调馨也具备极强的实力，前者在雅典获得了银牌，后者则拿下冠军。伊调千春还包揽了两届世锦赛、亚锦赛冠军；妹妹伊调馨则垄断了 2002 至 2008 年间 19 项国际大赛的 17 个冠军。

除了以上三位悍将，日本队中还有一名超级强手——雅典奥运会 72 公斤级季军滨口京子，此妹家学渊源，她的父亲是前职业摔角名将，曾经被称为"野兽滨口"。

运动员出身的中国女子摔跤队总教练张豪杰绝对是条汉子，说话音调不高，但透着从容。对待训练一丝不苟，对队员的训练量乃至每个动作都要求极为严格。"无情未必真豪杰，怜子如何不丈夫"是他最常见的话。

中国摔跤队只在除夕休息了一天，大年初一，国家体育

中国女子摔跤队总教练张豪杰

总局摔跤部部长董生辉就带着全体运动员进行了励志教育学习。

与人们头脑简单、四肢发达的偏见不同，中国女子摔跤队里有许多大学生。队员们学习文化知识至关重要，队伍会定期安排队员们进行文化学习。目前女子摔跤队本科生数量已占全队80%，还包括景瑞雪在内的三名研究生。

经过三个奥运周期的发展，世界女子摔跤进入成熟期，而中国女子摔跤正处在一个新老交替的阶段。

以王旭、王娇为代表的老将曾取得过奥运会金牌的辉煌，而王娇目前仍在队中发挥着传帮带、稳定军心的作用。而20岁左右的年轻人也在逐渐崛起，中国女子摔跤正在朝一个崭新的方向前进。

中国少数民族摔跤

自秦汉以来，中国古代的摔跤主要是朝着表演化的方向发展，观赏的价值越来越高，而原来的练武、健身的作用却在逐渐降低。这个缺陷为后来入主中原的两个来自大草原的少数民族所弥补，这就是统治元朝的蒙古族和统治清朝的满族。蒙古族把射箭、骑马和摔跤看作是"男子三项竞技"，是每一个男子汉必须掌握的技能，将其列为"那达慕"大会的主要内容。"那达慕"在成吉思汗时期，只是一种祭天的活动，设有射箭、骑马和摔跤三项活动。后来发展成一年一度的以这三项活动为主要内容的传统盛会。

那达慕大会上的优胜者往往赢得极崇高的荣誉，被认为是国家的勇士，因此，蒙古族的小伙子几乎个个都是摔跤好手。这种摔跤不分体重等级，没有时间限制，而且是一跤定胜负，因此进行得十分激烈，比赛时不许抱腿，除脚掌外，身体任何部分着地即失败。比赛开始时，先由歌手唱一段鼓励健儿们的歌，悠扬而豪迈，接着身穿"召德格"（摔跤服），足蹬蒙古靴的"布赫钦"（摔跤手）们，跳着蒙族特有的雄鹰步，跃然而出。大草原绿茵如毯，健儿们摔跤服上的铜钉金光闪闪，更加衬托出他们的英武雄健。那达慕大会的摔跤通常有三、四对选手同时进行，场面也因此更有气势。最后力胜群雄的冠军，不仅获得重奖，还被人们称为"勇敢的摔跤手"。健儿们场上各不相让，比赛大有你死我活的劲头，但是场下的气氛却十分友好，充分体现了良好的体育道德。据清人记载，住在新疆的蒙人，在每年4月的祭祀活动的摔跤比赛中，摔

那达慕大会上的摔跤比赛

跤手们分队站成东西两列，然后有二人跃出场，扭在一起摔跤，称为"贯跤"，一旦胜负已定，摔跤结束，胜者便将负者扶起，两人亲切地抱在一起，互相以脸颊相蹭，以示友谊（《清稗类钞·技勇》）。

摔跤不仅是蒙古族男子习武健身和娱乐的日常功课，一些蒙族妇女也掌握了令人惊奇的摔跤技艺。元朝时曾到过中国的著名意大利旅行家马可·波罗在他的游记中讲了这样一个故事：海都王有个女儿叫明月公主，生得十分秀美，但是性格却十分刚强，从小练就了一身非凡的摔跤功夫。到了择偶选婿的时候，却遇到很大的麻烦，怎么也找不到她的如意郎君，因为公主有言在

先，她要嫁的人必须能在摔跤中赢了她，否则永不嫁人。海都的小伙子们是没有指望了，因为都不是公主的对手，于是这件事就拖了下来。直到公元 1280 年从远方来了一个英俊的王子，带着一队侍从和 1000 匹马前来求婚，海都王高兴极了，他和大臣们都劝公主千万别错过这天赐的良机，没想到公主对自己的话十分认真，绝不肯手下留情，让这位远来的求婚者"蒙混过关"。在比赛中，双方都使出了自己的看家本事，鏖战多时，最后还是明月公主将这位求婚的王子摔倒在地。这个故事是不是有些夸张，且不必深究，它说明蒙族妇女练习摔跤却是事实。

清朝统治者保持了女真人爱好摔跤的传统习俗，满人把摔跤称为"布库"。清王室入关后大力提倡摔跤运动，一是用摔跤练兵，二是把摔跤作为一种娱乐活动。在清王室的嫡系部队八旗军中经常进行摔跤比赛，对比赛中的失败者罚以牛羊，因此八旗军有许多摔跤好手。朝廷又从八旗子弟中选出摔跤技艺出类拔萃的青年成立了善扑营，每逢国宴庆典就出来表演，来外宾时也出来比赛较量高低（《啸亭杂录·相扑营》）。这个善扑营说来还有一段不寻常的与康熙皇帝有关的来历。康熙初当皇帝的时候只有八岁，朝中一切大权都由议政大臣鳌拜操纵，鳌拜飞扬跋扈，一点儿也不把这个小皇帝放在眼里。康熙长到 15 岁时感到忍无可忍，决定除掉鳌拜，夺回权力。但是，这时鳌拜已经在朝廷内外安插了许多亲信，不好下手。于是康熙就想出一个妙计，选了十几个身体强健的小内监成天练习摔跤作为游戏，一天鳌拜到皇宫中来，康熙一声令下，这些平日训练有素的摔跤手们立时把鳌拜拿下，随即处死（姚元之《竹叶亭杂记》卷一）。由于小摔跤手立下了这一大功，康熙夺回权力后就成立了善扑营，集中了天下的摔跤能手，这些人既作为皇帝的侍从，保卫皇帝的安全，又以精湛的技艺为皇帝表演，所以深得皇帝的信赖和喜爱。

清朝善扑营

清朝的摔跤可以分为两种类型，一种是蒙族和满族的传统摔法，叫作"布库"，也叫撩脚。这种摔法，只要将对手摔倒在地便可获胜。摔跤时要穿一种白布制成的叫做"裲（liang）裆"的摔跤衣，短衫窄袖，衣领和前襟都用七八层布千针万线缝得结结实实，又坚又韧，经得住那些大力士的生拉硬扯，脚下穿一双短靴。这种摔跤主要是靠脚下的功夫，使用各种绊法使对手失去身体平衡（《檐曝杂记·跳驼撩脚杂戏》）。另一种则是厄鲁特式摔跤，这种摔法不穿摔跤衣，上体赤裸，只将对手摔倒在地还不能决定胜负，还得把对手的两肩压触地面才定输赢（《御制诗三集·相扑》）。

这样，摔跤经过几千年的演变，从最初那种内容非常广泛的角抵、角力发展到了清代的布库和厄鲁特，越来越接近现代摔跤运动了。

摔跤在中国其他民族里也都有悠久的传统。如朝鲜族的摔跤，要求摔跤手在腰部缠一腰带，并将一条三米长的麻布或白布的两端分别系在腰带和右腿上，这叫"腿带"。比赛开始前的准备姿势也独具特色：两个摔跤手右膝跪地，左腿弯曲，右手扣住对方的腰带，左手挽住对方的腿带，然后裁判一声令下，开始激烈的比赛。柯尔克孜族青年的"马上角力"，摔跤手骑马，两马交错时，互相扭拉胳膊，将对方拉下马，规则是不准抓衣服，只能抓对方肘关节以下的手臂。彝族在举行婚礼时，为祝福新婚夫妇幸福美满，有在婚礼上男家和女家的代表

哈萨克族骑马摔跤

摔跤的习俗，主要动作是抓腰带、抱单腿、过背、夹臂翻、穿腿等。只能用肩、臂、腰做动作，不能用脚绊。双肩着地为输。双方约定摔跤人数，每对只摔一次，不用裁判，为了表示友谊，谁也不肯全胜。

哈萨克族有独特的骑马摔跤和双腿套进口袋的摔跤法；维吾尔族有"喀什噶尔式"和"吐鲁番式"摔跤；还有侗族、黎族等民族的摔跤都各具特色，大大丰富了中国古代摔跤的内容。

摔跤服饰

辽阔的乌珠穆沁草原是摔跤手的摇篮。这里摔跤的传统源远流长，盛名至今不衰。康熙五年（1666年），在清政府主持的盛会上，安珠在1024名摔跤手参赛的大比赛中独占鳌头。十九世纪初，巴特尔朝克图参加清廷京师盛会，又以头名布魁载誉而归。十九世纪中叶的摔跤手都仁赛嘎（都仁扎那），更是牧民传说和歌谣中的人物。乌珠穆沁的摔跤服装具有代表性和典型性。

坎肩

这是为便于对方抓拿穿着的摔跤上衣。从质地看，有香牛皮、粗面

革、毡子和布子的四种。从式样看，有开放式和封闭式两种。开放式又
叫蝴蝶坎肩、翅膀坎肩。

因为形状有点像蝴蝶翅，

实际上就是一种紧身坎肩，

有领口无领，袖子很短，

有个后片，前面几乎什么

也没有，用两根皮条（坎

肩上面带着）裹回来，扎

坎 肩

在腰上就成。不论用什么材料制作，领口、袖上、边缘一带一定要用香
牛皮或粗革层层镶边，用皮筋、丝线、麻筋等密密地缝纳出来，在上述
这些部位和后腰两侧用银或铜泡钉镶嵌出来（要不摔出汗以后就滑得抓
不住了），后心还有个五寸见方或月亮似的银镜或铜镜。镜上有錾花或
鼓出来的四雄（龙凤狮虎）及象、鹿等图案，也有各种纹样和蒙文篆
字或方块蒙古字的。一定要用结实的布做里子。

围裙

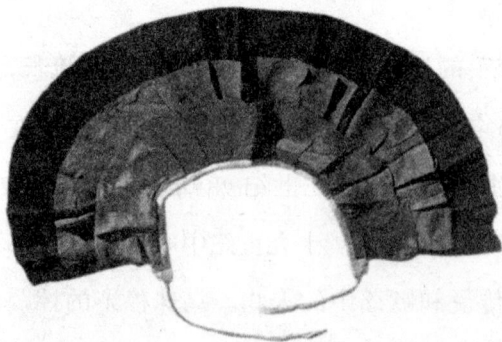

围 裙

这不是家庭主妇腰上围
的那种东西，而是把红、黄、
蓝三色绸、缎、布条扎起来，
穿缀在一根结实的皮条上，
牢牢地扎在腰间，在摔跤坎
肩下边、裤带和套裤裤腰上
边再紧紧地捆上一层，让那
些花花绿绿的布条垂下来，
一行动就抖动起来，加上这身怪异的打扮，往往给人一种无敌猛狮之类

的奇想。

靴捆

摔跤手穿的靴子跟平时没有什么不同，但作用似乎不同。这是为了保护脚部，使人站稳，很好地发挥摔跤的各种技巧。怕它滑脱和为了踢起来得劲，要用一条结实的皮条捆几圈，这就是靴捆，长可六尺，宽约二公分，一头拴铜环、铁环，或打个死扣。

包腿

乌珠穆沁摔跤手有个特点，"绊踢"的技巧用得十分普遍，为了保护小腿，便发明了包腿这种东西。将装砖茶的竹箱拆开，把竹子削成竹篦，从踝骨开始，一直缠到膝盖以下。这就是包腿。

套裤

牧人平时骑马外出，为了保护裤子，温暖膝盖，也要穿套裤。但摔跤手穿的套裤基本上成了装饰品。尤其是新手，一定要用颜色鲜艳的缎子做料，用各色库锦和金银线绣出边来，再用刺绣和粘贴工艺描出四雄和蝙蝠、万字各种图案，看去像大戏里武将腿上戴的甲一样。里面的裤子也特肥，上面像羊胃一样有无数褶子，据说也有护裆的作用。

套　裤

靴子

摔跤手穿的靴子跟平时没有什么不同，但作用似乎不同。但是为了保护脚部、使人站稳，很好地发挥摔跤的各种技巧，要用一条结实的皮

靴 子

条捆几圈，这就是靴捆。长可六尺，宽约二公分，一头拴铜环、铁环，或打个死扣，在靴子上缠三到五圈。

吉祥带

就是摔跤手脖子上戴的绸缎条儿，戴得越多说明获胜的次数越多。这绸缎条儿虽然不过一指多宽，却不是随便给的，它是同奖品一起赠送的。六十四名摔跤手比赛夺魁的布魁，可以得到一块三角形的吉祥带（整方绸子的一半）。一百二十八名摔跤手比赛夺冠的布魁，可以得到一匹打了结的绸哈达。

乌珠穆沁有交接吉祥带的习俗。一位久经沙场、多次夺魁的布魁年过半百，就要把自己的摔跤坎肩和吉祥带传给他最有希望的后代和乡邻里崭露头角的新手，举行一个有趣的仪式。一般是在一个什么大型的集会上（比如那达慕），经过上级事

吉祥带

先批准，某两个人或几对人要被封为荣誉布魁。届时这几个人来到会场，披挂整齐，互相摔三轮跤。不过并不是比赛，而是表演，最后要摔成和局，然后立于主席台前，由主持人简单介绍他们的生平事迹，过去

取得的荣誉，将奖品发给他们。

奖品与这次即将夺冠的布魁相同或相近。受奖的布魁要当场把自己的坎肩和吉祥带解下，给选定的接班人穿戴上，预祝他比赛取得好名次，不要辜负老辈的期望。这次发的奖品，是这些布魁一生中最后领到的奖品，也是最后一次参加比赛。这个仪式结束，摔跤比赛才正式开始。

PART 3 目前状况

中国摔跤运动的现状

摔跤在中国是个冷门项目，但在奥运会上，却是不折不扣的金牌大户，有 18 枚金牌之多。在 2004 年雅典奥运会上，北京小将王旭勇夺女子 72 公斤级冠军，实现了中国摔跤奥运金牌"零的突破"。

古典式摔跤

2006 年，山东小伙儿李岩岩在古典式摔跤项目上曾给所有人带来了惊喜，他在当年的摔跤世锦赛 66 公斤级决赛上上演了精彩的大逆转，为中国男摔获得了历史上第一枚世锦赛金牌，实现了中国男摔的历史性突破，这也让所有关心摔跤的人看到了中国摔跤运动的希望。

国家男子古典式摔跤教练组组长

摔跤世锦赛李岩岩夺金

盛泽田在赛后更是非常激动，将之称为"实现了几代中国摔跤人的梦想"。但他同时也保持着冷静的头脑，"一枚金牌的产生不能说明我们在这个级别上很强，我们要做的是让中国队整体都强大起来。"

盛泽田退役后，中国男子摔跤一度出现新层，2004年雅典奥运会没有收获任何一枚奖牌。直至2008年北京奥运会，常永祥在男子古典式摔跤74公斤纹比赛中，一路过关斩将，接连击败众多高手获得银牌，创造中国男子摔跤在奥运会上的最佳战债。

自由式摔跤

男子自由跤开展年头比女子早了近一个世纪，男子世界的争夺不光是技术、战术，更是经验、素质、体能等全方面的争夺，其激烈程度远远超过女子。男子自由跤是俄罗斯人的强项。中国男子自由跤成绩非常"单薄"。

女子方面，上世纪90年代初，中国女子自由跤先于日本在国内开展起来，借鉴男子自由跤的训练模式，加上中国女性吃苦耐劳的精神，中国女子自由跤很快就在世锦赛上崭露头角，并迅速成为金牌大户。但在亚特兰大奥运会后，国内很多女子摔跤队伍因女摔进入悉尼奥运会无望而被砍掉，仅保留了一支大学队伍，很多优秀的运动员也提前退役。中国女子自由跤逐渐衰落，很快被日本超越。

2004年雅典奥运会上，女子自由跤第一次进入奥运会，四枚金牌中只有中国的王旭获得了女子72公斤级冠军，日本以2金2银正式确立了自己在女子自由跤的霸主地位。2006年的广州世锦赛，中国选手景瑞雪获得的女子67公斤级金牌，是中国女队在此次世锦赛上获得的惟一一枚金牌。

2012年伦敦奥运会，虽无缘奖牌只列第四，只有女子63公斤级选手景瑞雪闯入决赛，最后输给日本名将伊调馨拿到亚军，这也是中国摔跤队在伦敦奥运会上收获的唯一奖牌。

世界摔跤运动的现状

2013 年 2 月 12 日，国际奥委会执行委员会在瑞士洛桑投票表决，结果摔跤被逐出 2020 年夏季奥运会的核心项目，虽然该项目仍有参加"复活赛"的机会，但从其观赏程度和普及程度而言，希望渺茫。2013 年 9 月，国际奥运会，又投票决定摔跤成为临时大项，多少挽回一点希望。

这可能是全世界最早的展现力量、技巧和战术的古老项目。从第一届奥运会开始，摔跤便成为正式比赛项目，但如今其时代就要结束了。

国际奥委会主席罗格早就说过，电子产品正在占据青少年越来越多的时光，如果奥运会的项目设置不与时俱进，不符合年轻人口味的话，奥林匹克运动将没有未来。因此，项目设置有必要考虑与青少年的喜好相结合。在确定北京奥运会项目时，小轮车之所以能够击败高尔夫、橄榄球、武术等项目，很大程度上便是其受到青少年的喜爱。

由此说法，再回头看看摔跤的发展，就不难理解其为什么不受欢迎了。据美联社拿到的国际奥委会评估文件显示，伦敦奥运会期间，摔跤共有 116854 张门票待售，最终有 3000 多张票没有售出。同时，摔跤在全球电视收视率、网络点击率、媒体覆盖率等多项评定结果中都落在了后面。这样一个项目被奥运会抛弃，也在情理之中。

PART 4　竞赛规则

规则发展

摔跤项目发展到现在，其规则已经发生了很大的变化，修改规则使摔跤这个项目更具通俗性、观赏性。在摔跤历史上，重量级别的划分几经变化。目前，自由式和古典式分别设有 7 个级别，一共是 14 个男子级别的比赛。

2008 年女子摔跤世界杯赛
女子 59 公斤级比赛中国选手张兰（上）

在古典式摔跤中，运动员不得攻击对方胸部以下的部位。在自由式中，可以攻击对方脚部，有一点像柔道。女子摔跤的规则事实上与男子自由式摔跤相同。但是，在女子比赛中，严格禁止抱搂对手颈部。

每个摔跤回合双方选手的目的就是将对手摔成肩背着地，保持足够长的时间，直到领先对手 10 点而获胜（技术优势）；或是在比赛结束后比对手获得更多的点数获胜。在古典式摔跤中，选手严禁抓扯对方腰带以下部位，严禁使用腿攻击对方，也不得攻击对方腿部。这些动作在自由式摔跤中是允许的。

比赛中如果一方运动员不主动进攻，或是阻碍对手进攻，那么就会被警告。在这种情况下没有被警告的选手可以选择对手以卧姿或站姿开始比赛。许多运动员这时候选择前种，因为这样使得他们能够有机会绕到对手的身后，双手压肩。这一个动作需要不同技术配合完成。运动员采取严重消极态度逃避比赛时，裁判可以对其罚分。

竞赛组织

竞赛方法

国际摔跤比赛方法，即根据运动员称量体重时的抽签号，由小号至大号，顺序排列分成 3 人或 4 人一组进行，小组循环赛，决出每组第一名，各小组第一名进行资格赛，决出每级别的前四。

称量体重

比赛前一天须称量体重，时间持续 30 分钟。在称量体重前 1 个小时为常规医务检查时间。选手的体重须符合所报名参赛级别的重量，如体重不合格将被取消比赛资格。

参加称量体重的运动员身体状况必须良好，指甲必须短，不许留胡须，不能有汗，头发要短，或者在裁判员的指导下向后梳并且系好，称量体重时予以检查。所有比赛，每个级别只进行一次称量体重。摔跤手不能在身

男子自由式摔跤 84 公斤级

体带汗的情况下进入摔跤垫；不得在身上涂油脂；不得佩戴任何可能伤及对手的物品，如戒指、手链和耳环等。

年龄组别

年龄组别如下：

1. 儿童组：14～15 岁

2. 少年组：16～17 岁

3. 青年组：18～20 岁

4. 成年组：20 岁及 20 岁以上

所有年龄组的比赛，都必须执行国际摔联颁布的统一竞赛规则，所有参赛运动员都必须持有本年度注明的参赛证，赛前称重时交国际摔联或本国摔联指定代表检查是否合格。

体重组别

体重级别如下：

儿童组少年组青年组成年组奥运级别

儿童组	少年组	青年组	成年组	奥运级别
28～30kg	36～38kg	40～44kg	44～48kg	44～48kg
32kg	40kg	48kg	51kg	55kg
34kg	43kg	51kg	55kg	63kg
37kg	46kg	55kg	59kg	63～72kg
40kg	49kg	59kg	63kg	
44kg	52kg	63kg	67kg	
48kg	56kg	67kg	67～72kg	
52kg	60kg	67～72kg		
57kg	65kg			
57～62kg	65～70kg			

比赛的编排

摔跤比赛的编排工作，是整个比赛中很重要的一环，编排工作的好坏直接关系到整个比赛是否能顺利、圆满地进行。所以，摔跤的编排必须高度重视。

（1）根据参赛人的抽签号，按3～4人编成若干个小组，先按3人编成一组，到最后剩余4人，那么，这4人就编在一组。例如：13人，则1～3号、4～6号、7～9号、10～13号，前3组是3人一组，最后一组是4人一组。

（2）编排时，应从大号开始，将临近的最大号编在一起，单号轮空，第二轮开始时，轮空号向上翻至一号位。例如：3 人，则 1 号对 2 号，3 号轮空，下一轮就是 3 号对 1 号，2 号轮空。

（3）小组的冠军，参加下一轮的单败淘汰。

（4）小组循环赛的名次排列，按下列条件依次进行评定：①名次分多者列前；②双肩着地胜多者名次列前；③零技术分多者名次列前；④警告次数少者名次列前；⑤消极次数少者名次列前；⑥获得分质高或多者名次列前；⑦获胜的时间短者名次列前；⑧体重轻者名次列前。

名次的排列

未被淘汰的两名运动员进入决赛，胜者为冠军，负者为亚军；败给冠亚军的两名运动员决 3～4 名，胜者为第 3 名，负者为第 4 名。

其他名次的排列按以下条件在同一轮淘汰的运动员中进行评定：

（1）名次分多者名次列前；

（2）技术分多者名次列前；

（3）警告次数少者名次列前：

（4）消极次数少者名次列前；

（5）获分质高者或多者名次列前；

（6）上述条件相同者名次并列。

特殊编排

如果参赛运动员的人数是 9～11 人时，则分 3 个小组进行单循环赛，由 3 个小组的第 1 名进入下一轮的 1/2 决赛。可是，1/2 决赛必须是 4 名运动员，第 4 名运动员则由 3 个小组的第 2 名再进行一次单循环赛，获得冠军的运动员放在 4 号位进入 1/2 决赛。如该运动员是第 3 组的第 2 名，其编排就应按 1 号位对 3 号位、2 号位对 4 号位。

编排时应注意的问题

（1）如运动员在比赛中受伤，经大会医生证明不能继续参加比赛时，其下一轮的编排不需修改，对方不战而胜并记 4 个名次分。该运动员可根据所获的名次分进行排名。

（2）如果某运动员没按时到场比赛，则无论何种原因，均取消其比赛资格，不排名次，判对方获胜，并记 4 个名次分。

获胜方式

判定胜负

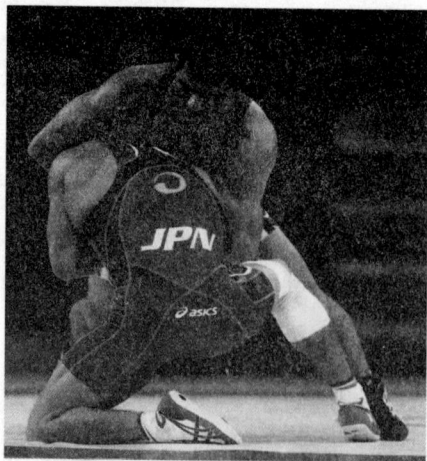

男子古典式摔跤 60 公斤级

（1）摔跤比赛分为三局，采用三局两胜制。每局 2 分钟，局间休息 30 秒。教练可以坐在比赛垫子红方、蓝方对角旁边的椅子上指挥比赛。

（2）每一局比赛中比分多的选手将获得局回合比赛的胜利。如果前两局摔平，那么将进行第三局决胜局的比赛，决胜局获胜的选手将获得整场比赛的胜利。

（3）如果一局比赛结束，比分相同，获得大技术分值的运动员获胜；如双方技术分值都相同，则判后得分者获胜。

（4）古典式摔跤在每一局的比赛进行到 1 分钟时，将进行跪撑提反抱躯干，由裁判员抛牌决定哪一方先进攻。30 秒之后进行交换，原防守的一方成为进攻方，直至时间到，由比分的多少判定胜负。

（5）自由式摔跤在每一局比赛结束时，如果比分为 0：0，将进行搂抱。由裁判员抛牌决定哪一方进攻。在 30 秒之内进攻方一旦得分，比赛结束，判进攻方获胜；如果 30 秒钟进攻方没有得分，比赛结束，给对方 1 分，判防守方获胜。

回合

一场摔跤比赛有两轮，每轮三分钟，轮间休息 30 秒。如果两轮结束后未分出胜负，则加时一轮比赛，时间仍是 3 分钟。如果还是平局，裁判将决定最终的结果。

裁判宣布结果的时候，双方选手来到垫子的中央，裁判举起获胜一方的手臂。

如果第一轮比赛结束后，双方仍然是 0：0，那么采用投掷硬币的方式。赢的一方首先采用攻击姿势。比赛开始后，攻击方有一分钟摔倒对方的时间，如果失败，则对方得分。如果双方均未采取行动，则攻击方得一分。这个规则可以避免双方以 0：0 结束比赛。

技术优势

一局比赛中双方的比分相差 6 分，不管本局的比赛时间是否已到，本局比赛马上结束，判定分值高的选手获胜。

高分值技术

为了鼓励运动员使用高分值的技术动作，摔跤规则规定："在一局比赛中使用动作一方得到一个 5 分分值的技术分，或得到两个 3 分分值的技术分，不管一局的比赛时间是否已到，本局比赛都要结束，判定得高分的运动员获胜。"

双肩着地获胜

比赛中任意一方将另一方摔成肩背着地，并控制住对方使其双肩着地达 1 秒钟，控制者获得整场比赛的胜利。

双肩着地获胜

女子摔跤规则

年龄及体重组别

女子摔跤的年龄级别同男子相同，青年组的运动员允许参加成年组的比赛。

服装

参赛运动员必须自备下列标准的比赛服：

——紧身跤衣：参赛者须自备红、蓝跤衣各一件。

——参赛者须穿（没有硬鞋带头）软制摔跤鞋。

——禁止戴耳环、手镯、项链或其他金属物品和硬制物品，同时禁止穿男子摔跤服加 T 恤，同时允许选择是否戴护耳。

——头发长时，应用橡皮筋或绸带固定。

称量称重

女子自由式摔跤

原则：运动员称量体重方法与男子跤一样。

特殊规定：所有男子摔跤的技术规则，禁止事项均符合女子摔跤，无论站立还是跪撑状态均禁止使用"双腋下握颈动作"。

PART 5 场地设施

比赛场地

正规的比赛场地应安排 2～3 块垫子，垫子由硬度适当的海绵制成，厚为 4～6 厘米，垫子表面覆盖一块 12 米见方的盖单，盖单中心有直径为 7 米的圆形比赛区，比赛区外有 1 米宽的红色消极区，消极区外有 1.2 米或 1.5 米的蓝色区域为保护区。盖单的对角应有红、蓝两种颜色的标志。

垫子必须平整，保持清洁卫生。此外，还应准备一块做准备活动的垫子。

（1）红、蓝袖标若干副，单音哨 5～8 个。

（2）磅秤 3 台。运动员驻地 1 台，称量体重称量室两台。3 台磅秤必须一致。

（3）每个场地必须准备两套示分牌。一套示分牌有 11 块，其中有红、蓝、白各 1 块，标有 1、2、3、5 字样的红、蓝色各 1 块。

（4）每个场地必备红、蓝色小三角旗各 3 面，并配插座。必备红、蓝色指示灯各两套。

（5）每个场地必须有锣 1 面、翻分牌两台（一台贴红色标志，一台贴蓝色标志）。

（6）各种表格。

（7）运动员必须准备红、蓝摔跤衣各 1 件、摔跤鞋 1 双。

比赛程序

比赛天数

世界三大赛和洲际三大赛的比赛天数为 4 天，每天比赛两个单元，每个单元比赛不得超过 3 小时，每个级别的比赛必须在三天内赛完。每一名运动员每天的比赛不得超过 3 场。作为一条规定，一名运动员一天的比赛场数，最多不超过 4 场，每场比赛之间的间隔不得少于半个小时。

所有争夺冠亚军及 3、4 名的比赛，必须在同一块场地上进行，总的原则，根据运动员的实际参赛人数，一个级别的比赛可在 1 天或 2 天结束。

每次比赛必须在 3 块场地上进行，同一级别的每轮比赛只能在同一场地上进行。

所有比赛，都可根据参赛人数的多少，或增加、或减少一块场地，但必须征得国际摔联的同意方可执行。

称重

称量体重时，运动员必须穿跤服，但不穿跤鞋。称量前必须检查指甲，看是否过长。

抽签

称量体重合格者方可抽签。每个级别抽签完后，如有超重，必须进行调号，然后公布。

配对

根据签号进行配对。

比赛服装

着装要求

裁判员：裁判员必须身着白色的服装，上衣必须有翻领，左胸必须有小口袋，左手腕戴红袖套，右手腕戴蓝袖套；穿白色的球鞋，单音哨一个。

教练员：教练员必须身着运动服，穿运动鞋，坐指定的位置上，指挥本队运动员的比赛。

运动必须穿国际摔联规定式样的连体摔跤服（颜色为红色或蓝色）

运动员必须具备：

（1）摔跤服的前胸佩带自己国家的国徽。

（2）摔跤服的后背印有自己国家的国名缩写，缩写最大不超过 10 ×
10cm。

（3）携带一块手帕，出场前必须向场上裁判员示意，不允许穿其
他国家国徽或国名缩写的摔跤服。

国际摔跤比赛服

（4）根据奥委会的规定，奥运会期间，不允许穿印有赞助商名字
的摔跤服。

（5）运动员在比赛中允许佩戴必要的护耳。

（6）运动员必须穿紧固踝关节的摔跤鞋，禁止使用有鞋跟、鞋钉、
有金属材料的摔跤鞋，赛前必须用胶布将鞋带包裹起来，避免在比赛中
出现鞋带松散。

（7）每天比赛时，运动员的胡须是刚剃过或蓄留数月。

下列情况也是受到禁止的：

（1）运动员戴护腕、护肘、护踝，因受伤得到医生允许者除外，但

即使允许也只能戴弹力织品。

（2）在身上涂抹油脂或粘胶物。

（3）比赛开始时身上有汗。

（4）佩戴能伤及对手的物品，如：戒指、手镯、耳环等，运动员在称量体重时就应将指甲剪短，运动员必须遵守上述规定，如未达到要求，裁判组允许其有 1 分钟的更正时间，1 分钟后，仍不符合要求，按该运动员放弃比赛论处。

PART 6 项目术语

基本术语

每位裁判员都必须熟练运用以下术语，这些术语是裁判员之间讨论的术语。

1. START

要求站在垫子对角的运动员到场地中央相互握手致意并接受检查，然后回到各自的位置等待裁判员吹哨开始比赛。

2. CONTACT

跪撑状态时，场上裁判员令运动员将双手放在下面运动员的背上，站立状态时运动员双方必须进行身体接触。

3. OPEN

运动员必须改变其姿势并采取更开放的摔法。

4. DAWAI

场上裁判员激励双方运动员采取更积极的摔法。

5. ACTION

运动员必须使用已准备开始的动作。

6. HEAD UP

运动员反复用头顶住对手，在这种消极情况下，场上裁判员令其将头抬起来，此时运动员必须将头抬起来。

7. JAMBE

运动员犯了使用腿的错误（古典跤）。

8. PLACE

运动员用手在垫子上爬行，此时场上裁判员用此词提醒运动员不要逃出界外。

9. DANGER

危险状态。

10. FAULT

犯规动作或违反技术规则的行为。

11. STOP

暂停比赛。

12. ZONE

如果运动员进入消极区，必须大声地喊出此词。

13. CONTINUER

当场上裁判员发出此命令时，比赛必须继续进行，运动员由于惶惑而暂停比赛看着裁判员等待解释时，场上裁判员也可用此词令比赛继续进行。

14. TIME OUT

由于受伤或其他原因一方运动员暂停比赛，场上裁判员应用此词告诉计时员表示停表。

15. CENTRE

运动员必须回到场地中央，在那里继续比赛。

16. UP

比赛必须从站立状态重新开始比赛。

17. INTERVENTION

侧面裁判员、场上裁判员及执行裁判长召集讨论。

18. OUT

界外使用的动作。

19. OK

动作有效。如果侧面裁判员和执行裁判长所处的位置，使其无法靠近运动员使用动作的地方，场上裁判员应举手示意在场地边缘使用的动作是界内还是界外。

20. NON

此词用于示意动作是无效动作。

21. DISQUALIFICATION

由于缺乏体育道德或者有野蛮行为被取消比赛资格。

22. FIN

比赛结束。

23. GONG

比赛开始或结束时所敲锣的声音。

24. ARBITRE

仲裁。

25. CONSULTATION

宣布取消比赛资格之前，或场上裁判员和侧面裁判员意见不一致时，场上裁判员及侧面裁判员进行讨论。

26. PROTEST

仲裁申诉。

27. DOCTEUR

大会医生。

28. VICTORY

场上裁判员宣布获胜运动员。

PART 7 战术技术

摔跤运动基本知识

支撑面与身体重心

摔跤比赛，是两个人在比赛规则允许的范围内，面对面地相互使用摔跤技术，把对方摔倒得分或压双肩着垫为胜的一种运动项目。从进攻一方讲，在站立摔时，必须想法抓握、搂抱住对方合理的有利于自己使用进攻技术的部位，同时还要防住对方抓握、搂抱住自己的有利于对方使用进攻技术的部位。

在使用技术中，一是在站立摔时使用进攻技术，把对方直接摔成危险状态，或转移到对方身后迫使对方成跪撑状态，或直接压迫对方双肩着垫，才算得分或着地胜利。二是在跪撑摔时把对方身体重心沿纵、横轴转动一周或迫使对方的肩背与地面的夹角明显小于90度，或直接压迫对方双肩着垫。作为防守一方，无论站立或跪撑，尽量不让对方把自己摔成上述两种姿势才能不失分。

因此，在比赛时双方同时处于进攻和防守状态之中，都尽量想法摔倒对方得分又不要被对方摔倒失分。所以双方都尽量想法保持身体重心相对稳定，不失去平衡。

从理论上讲，摔跤运动员要想保持身体重心稳定，有两种方法，一是扩大身体重心的支撑面及降低身体重心高度，二是不停地调整身体重心、支撑面和支撑点。

摔跤运动员的支撑面由支撑点组成，处于不同姿势时有不同的支撑面和支撑点。在正常情况下，人们站着不动，不需要调整支撑面，只调整支撑点就能保持身体重心稳定。

摔跤运动员在训练和比赛时，身体的支撑面大小、身体重心高低与身体重心稳定关系很大。从理论上讲，身体支撑面越大，身体重心越低，身体重心就越稳定，反之就越不稳定。站立摔时往往只有两只脚支撑，支撑面变化不大。但两只脚作为支撑点调整变化的余地很大。站立摔主要依靠两只脚变化支撑点保持重心的稳定，身体重心高低变化不大；跑撑摔时身体支撑面变化很大，支撑点变化余地也很大。

这种站立姿势支撑面适中，优点是移动灵活，支撑点变化余地大，身体重心较稳，进攻、防守、反攻都能快速移动，而且节省体力。缺点是身体重心较高，对方使用抱腿技术比较容易。大部分古典跤运动员采用这种姿势，优点是支撑面大，身体重心低，稳定性较好，防守能力强。缺点是灵活性差，进攻、防守移动速度较慢，反攻能力差，且易疲劳，不宜持久。大部分自由跤运动员采用这种姿势。

从古典跤、自由跤身体支撑而与身体稳定性的关系中可以看出，无论采用什么姿势，都有其优缺点。所以，在比赛时摔跤运动员要保持身体重心稳定性，主要是快速移动支撑点，变化支撑的用力点，同时破坏对方的身体重心稳定性。

破坏对方身体重心稳定的基本方法

摔跤运动员保持身体重心的稳定，不给对方进攻的机会，是比赛取胜最基本的条件。保持身体重心稳定的最基本的方法，是扩大身体的支撑面，降低身体重心高度；是不停地调整支撑点，移动身体重心的位置，使身体重心始终处于最佳稳定状态。高水平摔跤运动员都善于保持身体重心的稳定性，即使被对方破坏了身体重心的稳定性，也会很快地调整支撑点，恢复身体重心的稳定状态。高水平摔跤运动员不仅要善于保持自己的稳定性，而且要善于破坏对方身体重心的稳定状态，找机会使用技术，把对方摔倒。

使对方身体重心失去平衡的几种方法

在规则中规定使用得分的技术有三大类：一是转移类技术；二是迫使对方直接成危险状态类技术；三是迫使对方的身体重心沿纵横轴转动一周或转动对方的肩背与地面的夹角明显小于 90 度类技术。

中国式摔跤比赛中对身体重心失去平衡的解释是身体三点着地，也就是说，比赛中谁三点着地谁就失分，就算输了一跤（除了主动使用跪腿外）。自由跤、古典跤就没有这条规定，在比赛站立摔时，任何一方三点（两手一脚或两脚一手）或四点（两手两脚）着地也不算失分，也不算输了一跤。一方被摔成坐在地上也不失分。若从身体重心失去平衡角度讲，这是很典型的身体重心失去了平衡。然而在古典的自由跤比赛中就是被摔成坐在地上的姿势，不但不失分还可能反攻得分，还可向两个方向反攻得分。所以说在自由跤和古典跤中只讲对方身体重心失去平衡是没有意义的，只有和得分结合起来才能有使用价值。

古典跤、自由跤运动，不但有站立摔技术，还有跪撑技术。在比赛

国际式摔跤比赛动作（一）

中获得技术分的比例，跪撑摔得分能占总得分的60%~70%。

摔跤比赛中，使对方身体重心失去平衡的生物力学原理就是使用摔跤技术在对方身体上产生力偶和翻转力矩，使对方身体重心沿着纵轴、横轴转动或沿着支撑面边缘旋转倒下，方法如下：

1. 推

有的推可以直接使对方身体重心失去平衡，有的推要与拉结合。

2. 拉

从生物力学原理讲，光靠拉是不能使对方身体重心失去平衡

国际式摔跤比赛动作（二）

的，必须拉推、拉挡绊结合才能产生力偶和翻转力矩，使对方身体重心沿支撑面边缘或身体重心离开支撑点旋转倒下。

3. 扭

扭就是一手拉一手推再加腿绊，产生一种使对方身体重心沿纵轴转动的力而倒下。

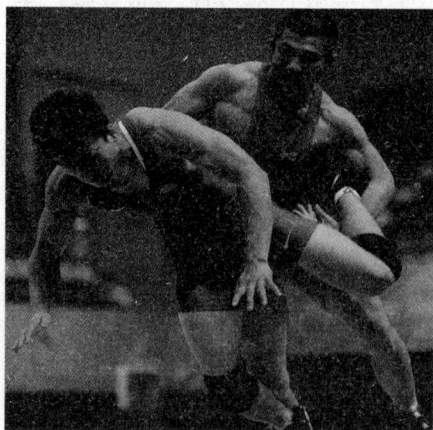

国际式摔跤比赛动作（三）

4. 按

按就是按压住对方身体某一部位，使其失去活动自由，再用技术。

5. 提

提就是抱住对方身体某一部分高高地提起来，使其重心失去支撑，把对方身体翻转摔倒。

6. 抱

抱就是搂抱住对方身体某一部位高高地抱提起来，使对方身体重心失去支撑点，再使用技术将对方摔倒。

国际式摔跤比赛动作（四）

7. 滚

滚就是抱住对方身体某一部位，用自己主动滚动之力带动对方的身体重心滚动。

8. 转

转就是以对方身体重心为轴，自己主动转向对方身后把持住。

跤力与体力

跤力

跤力，是摔跤运动员摔跤专项能力的外在表现；体力，是摔跤运动员在实战和比赛中，速度、力量、跤力、耐力的综合外在表现。跤力必须通过体力来表现，体力中必须有跤力才能得分赢人。

体力

体力是摔跤运动员在训练和比赛过程中反复表现出来的高强度的运动能力，借此在比赛中表现优异的成绩。

摔跤运动员在比赛中，并不讲究一套技术的体力。摔跤技术是不分套的，只讲一场比赛的体力和一次大型比赛的体力。一次大型比赛是由一场一场比赛组成的，一般说一次大型比赛是由 6～8 场比赛组成的，一个单元的比赛（一上午或一下午）一般要由 1～3 场比赛组成，所以摔跤训练工作，必须把重点放在一次大型比赛的体力需要上。

培养一次大型比赛的体力，首先从摔跤运动员训练负荷定量定性的基本内容着手：一是摔跤运动员负荷的专项性。摔跤运动负荷的专项性，是指摔跤训练的专项负荷与摔跤运动员所参加的比赛要求相符合。专项性训练是提高专项运动成绩的直接因素，非专项性训练只是间接因素。只有专项性训练才是取得高水平成绩的唯一途径。训练成功的前提，就在于始终把摔跤训练安排在摔跤专项训练水平不断提高的轨道上。二是摔跤运动负荷对供能系统作用方向。摔跤比赛是以乳酸性无氧供能为主的混合供能。在摔跤专项性训练中，也应以乳酸性无氧供能为主的混合供能的练习为主要训练内容。现在强调大运动量训练，摔跤运动的训练量，也应在增加乳酸无氧供能的训练量上下功夫。三是摔跤训练是属于动作协调的复杂性项目，进行动作协调复杂性的练习时，中枢神经容易产生疲劳，在训练时需要及时地调整训练内容，改变训练手段和方法，减少摔跤训练中的伤害事故。

摔跤运动基本技术

基本技术

摔跤基本技术是指应用准备姿势、手法、步法、站技术、跪撑技术，将对方运入危险状态，直至两肩着地的动作过程。

准备姿势

准备姿势是指运动员在比赛开始时所采用的基本姿势。基本姿势分为站立姿势和跪撑姿势。

1. 站立姿势

站立姿势是指运动员两脚着垫的姿势。正确的站立姿势既有利于完成进攻动作，又有利于防守反攻。站立姿势又分左站立、右站立及平行站立。

（1）左站立

动作方法：两脚开立与肩同宽，左脚在前，右脚在后，左脚跟与右脚尖落在一条横线上。两臂微屈并略前伸，左臂置于左腿的前上方，右臂置于右腿的前上方。左臂稍高于右臂。两膝微屈，上体略前倾，尽量使体重平均分配在两腿上。

（2）右站立

动作方法：基本姿势与左站立相同，只是右脚和右臂在前。

（3）平行站立

动作方法：两脚平行站立与肩同宽，两膝微屈，上体略向前倾，两

摔跤动作集锦

臂微屈而前伸，体重平均分配在两条腿上。左站立、右站立和平行站立
的姿势又分为高、中、低。站立姿势高，有利于进攻，但不利于防守；
站立姿势低，有利于防守，但限制了进攻幅度。从古典跤和自由跤两个
大项目上看，因为古典跤只能进攻胯关节以上的身体部位，不允许进攻
下肢，所以古典跤的站立姿势相对就比较高。自由跤可以进攻对方身体
任何部位，而主要攻击目标是下肢，所以自由跤的站立姿势要比古典跤
的站立姿势低一些。

另外，站立姿势的选择还应根据自己的体型特点进行。优秀运动员
应对所有的站立姿势都非常习惯和熟练，这样才能在比赛中处于有利的
地位。

2. 跪撑姿势

动作方法：两膝跪在垫子上，两手撑垫，手与膝间距离不得小于20厘米，两臂伸直，两脚不能交叉。

运动员在选择跪撑姿势时，除了上述要求外，最重要的一点是要使自己接触垫子的支撑面积大。这样更有利于防守。

摔跤技术中跪撑与站立技术的关系：

摔跤训练中站立技术与跪撑技术应同样重视，应平衡发展，齐头并进。在摔跤技术训练上有一个木桶效应，也就是摔跤技术水平往往表现在水平最低的技术上，但有时也根据比赛规则的变化有所偏重，总原则应是站立技术与跪撑技术齐头并进，共同发展，不可偏废。

（1）摔跤站立技术是前提。

高水平的摔跤运动员，站立技术是得分的前提，在比赛时站立技术得不了分，你就很少有跪撑得分的机会，只有站立技术运用成功，才有可能在比赛中获得跪撑得分的机会，所以在比赛中，运动员使用站立技术时，应积极进攻，掌握边攻的主动权。

（2）跪撑技术是得分的关键。

高水平摔跤运动员，跪撑技术在比赛中是得分的关键，比赛的胜负往往靠跪撑技术。所以在摔跤技术的训练时，要特别加强跪撑技术的训练。

手法

常言道："手是两扇门。"这就说明了手法在比赛中的重要性。手法是有一定规律的，它与摔法直接有关。比赛中，对方抢握什么部位，你就能够知道他准备使用什么类型的技术，以及你采用什么样的手法解脱，或防守或反攻。所以要想快速、准确、及时抓住战机将对方摔倒，必须将手法与摔法训练紧密结合起来，这样才能达到好的效果。

手法要求动作幅度小、速度快、变化多，而且连贯。常用的手法有绕臂、接臂、摘臂、握中臂、推压头、外拿臂和锁臂等。

步法

步子走对了才能赢人，走错了就可能输跤。从这个意义上讲，步法的重要性要胜于手法。

摔跤是在活动中进行的，其技术千变万化，步子不灵活，身体重心就难以调整，技术就很难发挥。所以步法是摔跤攻守的基础环节。

在比赛中，双方运动员必须不停地进行步法移动，调整与对方之间的距离，捕捉和寻找适宜的进攻机会。进攻时，要上步到施展技术最适宜的位置；防守时，应根据对方的上步来变换自己的步法，以便于自己的防守与反攻。步法移动时，应注意几个问题：

（1）步法移动时，必须全脚掌着地，向左移动时先移动左脚，向右移动时先移动右脚，向后移动时先移动后脚，向前移动时先移动前脚。

（2）移动时，始终保持上体前倾、两膝微屈的姿势。

（3）移动时，尽量不要走交叉步，不要使两脚并拢。

（4）移动时，脚不宜抬得过高，稍微离地即可。

倒法

摔跤是一项对抗性很强的运动，其目的是要将对方摔倒。常言道："要想摔人，必须先会挨摔。"练好摔跤倒地的功夫，可以避免受伤，适应紧张、激烈的比赛，练习倒地功还可以发展灵敏协调的运动素质。

1. 练习倒地功时，必须注意：

（1）倒地时，身体接触地面的面积要大。

（2）倒地时要憋气、团身、全身紧张，以免内脏受到震动。

（3）手撑地时，手指稍向里扣，屈肘。

2. 倒地的方法有：

（1）前倒。同前滚翻动作。

（2）左前倒。由左架开始，上体前倾，两膝弯曲，左手在前右手在后。左手指向里撑地，接着迅速屈肘、低头、团身左前滚。左肩先着地，然后右肩着地。

（3）右前倒。方法与左前倒相同，只是向右前方倒地。

（4）左后倒。由左架开始，低头、团身、屈膝、身体向左后方倒。左手指向里扣，并在身体左侧撑地，然后迅速屈肘，使身体向左后方着地。

（5）右后倒。方法与左后倒相同，只是向右后方倒地。

（6）后倒。同后滚翻，但是手臂与后背要同时着地，低头、含胸、憋气。

（7）直立前倒。身体直立前倒，两臂微屈，两手手指向里扣，两手撑地后，以迅速屈肘的动作来缓冲落地的冲击力，整个动作过程中，要抬头、憋气、全身紧张用力。

在练习倒地时，一定要从原地练习开始，根据掌握倒地的情况，可以改变姿势，或在活动中练习，逐渐增加难度，以适应比赛时的情况。

练习倒地功时，必须注意：

（1）倒地时，身体接触地面的面积要大。

（2）倒地时要憋气、团身、全身紧张，以免内脏受到震动。

（3）手撑地时，手指稍向里扣，屈肘。

实战技术

使用翻转动作

把对方身体由胸腹朝下翻转成肩背朝下，可以沿对方身体的纵轴、横轴翻转，但更多的是沿着对方身体的纵轴与横轴之间的斜向轴翻转。

沿身体横轴翻转，直接向头或脚的方向翻转直径长，难于成功。除了抱胸向后倒翻和压颈提腿翻外，向横轴方向翻转的技术少。

沿身体纵轴方向翻转，其直径短，容易翻过去，按说向身体纵轴方向翻转技术应该多，但真正直接向身体纵轴方向翻的技术很少，多是沿着身体斜向轴翻转。如滚桥，看似沿身体纵轴向侧翻转，实际是向前侧翻转。其他如反抱大腿翻、交叉抱小腿翻、骑缠等等都是沿身体斜向轴翻转。

防对方使用翻转动作

跪撑移动主要是指跪撑者在被动情况下的移动。这种移动是跪撑者为避免身体由胸腹朝下被翻成肩背朝下的移动。所以跪撑者的移动是根据上边运动员的进攻技术而动的。

摔跤翻转动作

古典跤跪撑时多趴在垫上，抬头、挺胸、塌腰，使髋部和腹部紧贴垫子；四肢展开，向前后左右移动，以向前移动为主。腰向左右移动，这是防滚桥和变向滚桥的移动。防抱提时，向左右移动，离开对方，使对方无法发力，或是向左右挤撞对方离自己近的支撑腿，破坏对方身体重心的平衡。

自由跤除古典跤的移动之外，对方抱腿或提腿时，可抽腿或向后蹬腿，远离对方，不让对方抱好、发力。例如，对方用反抱大腿时，身体可向外扭动，向对方翻的反方向移动。对方用交叉抱小腿翻时，可两腿分开，一腿向前迈出。对方用骑缠时，可以跪起来成高跪撑姿势，甚至站起来。

移动时要注意对方的变向动作和技术变化，如自由跤的骑缠变滚桥等。

手臂、腿脚、头颈、躯干配合

人的头颈、躯干和四肢，可以单独活动，但是它们是连在一起的，是一个统一的整体。摔跤运动员使用技术动作是在中枢神经的支配下，全身各部协调地参加活动。所谓"内三合、外三合"，就是要精神、气力、勇气和四肢、躯干、头颈协调配合，才能把技术做好。技术做得不完整或发力不顺达，就是由于身体某部分没有积极协调地行动。摔跤界常说的"手到脚没到、腰来腿不来"，就是指身体某部分没有很好地参加技术行动，影响了技术的使用。人体的活动既有规律又有习惯性，例如，人的行走是先向前失去身体重心，再向前移脚步，并且是左脚向前时右手向前摆动，右脚向前迈步时左手向前摆动，这已成为定型。而摔跤的技术动作则不尽如此，往往是右脚上步时右手随之向前动，撤左步时左手随之向后撤。这是摔跤技术本身的需要。这就要求改变习惯了的动力定型。训练就是要使身体各部根据技术的需要而动，不能随便动，要克服随意性动作。要使四肢、躯干和头颈听从大脑的支配，举手投足都有目的。

用力动作

使用技术时，要考虑到自己的身体怎样才能发挥出最大的力量和速度，使对方不便发挥力量和速度。

确定肌肉力量时，如果肌肉的紧松程度不变（力量不变），力矩的大小将决定于力臂的长短。完成某个动作时，组成关节的各骨间的位置也就改变，肌肉力臂的长短也发生变化，也就是肌肉力矩有了变化。肌肉力臂的改变与肌肉拉力的角度变化有密切关系。一般来说，肌肉拉力角接近直角时拉力最大。当肘关节弯曲成 100 度时，屈臂的肌肉力矩最大；当角度改变时，力矩减小（完全伸直或深屈时力矩最小）。膝关节、髋关节等，力矩的增大或减小都要取决于屈或伸的角度。因此，抱腰、抱腿时，要把肘关节屈到 100 度左右，以便发挥出较大的力量。使用过胸、揣等技术时，要先屈膝，然后再蹬直腿。这样不仅便于接近对方，而且可以使腿发挥更大的力量。

拉直与深屈

使用技术时，要在对方肌肉力量小或动作不便时使用。

对方关节完全伸直时力矩最小。例如运用交叉抱小腿翻时，把对方腿拉直则翻转省力。若对方大腿和小腿都有弯曲了，即使交叉抱好，翻转也费力。

对方关节深屈时也便于使用进攻技术。例如自由跤滚桥时，进攻者若用胸腹和大腿挤压对方一腿，使之深屈，比对方伸开腿容易滚桥。又如，把对方的臂拉直，并使之靠近他的躯干（肩关节深屈），对方这只臂就难于发力，难于发挥作用。所以，滚桥时要尽可能地把对方的臂和躯干一起抱紧，以便滚动。

贴近与离开

摔跤运动员使用技术时，要使身体关节弯曲角度适合自己使用的技术。握抱对方时，手臂关节要靠近自己。例如握颈，要坐腕、坠肘、垂肩，手臂靠近自己，不要完全伸直。这样的握抱从生物力学的观点看，其杠杆可赢得力量优势。因为力量的大小与关节离身体的距离成反比——关节离自己越近力量越大，离自己越远力量越小。从遇到突然的反关节动作，到完全伸直有一段距离，能起缓冲作用，不易受伤。再如抱提时，要把对方拉过来，靠近自己，同时主动靠近对方，使手臂关节贴身，以便发力。

防守对方的动作也要使对方的关节深屈或伸直，贴近对方或远离对方，例如对方右臂捧我左臂、我用左臂圈抱对方右臂时，对方右肘弯曲到 100 度正好用力。我可以用左臂向上抄对方右上臂，用胸挤对方右前臂，身体靠近对方，使对方右臂深屈；或是用左前臂撑对方胸，身体向后撤，远离对方，使对方的右臂伸直，这样会使对方右臂不便发力。

运用技术时要使全身协调用力。进攻要抓住时机，或用准备进攻动作创造进攻机会。运用技术动作时，要尽量使关节靠近身体，肌肉拉力角成 90 度，以便发力，而使对方身体关节深屈或伸直，使之不易发力。防守时，远离对方，使对方的关节远离身体，减小其发力，或者贴近对方、挤撞对方，使对方身体重心失去平衡而不便发力，并促使对方的关节深屈或伸直，不易和不便发挥肌肉力量。

摔跤技术繁杂多样，但其基本结构是有规律的，只要掌握了摔跤技术的基本结构，按基本结构练习，既便于掌握单个技术和组合技术，又便于改进技术和创新技术从而提高运动技术水平。

技术动作速度

摔跤技术动作速度，指从使用技术到技术结束得分的最短时间，它是摔跤专项能力之一。摔跤技术动作速度的快慢往往是决定技术运用成功的条件之一。在搏斗中谁的技术动作速度快，谁就可能得分。摔跤技术动作的使用成功，要靠三个条件：一是机会；二是进攻路线；三是动作速度。三者缺一不可。在两个人的搏斗中，没机会、没有路线，速度再快也不能成功。搏斗不能光靠速度，两人面对面搏斗时主要是找空子、捡漏子，利用两人动作之间的时间差使用技术。摔跤比赛是在9米直径的圆圈内进行，在两个3分钟之内，斗智、斗勇、斗法，拼体力、抢机会来争取胜利。在比赛的两个3分钟时间内，无论是绝对的动还是相对僵持的静，相搏之间的进退旋转变化，都是在速度中斗智、斗勇，比技术、拼体力论胜负的。摔跤训练必须围绕上述内容才能提高水平。

手准和抱紧

摔跤技术中的手准，是指抓握、握抱对方身体部位准确有效。抓握、握抱对方身体部位不准，一是摔不倒对方得不了分，二是容易被对方反攻输分，三是容易犯规。摔跤训练比赛时，手准是取胜的关键之一。摔跤训练比赛时，伸手投足都有很强的实用性、目的性和准确性。没有目的地乱伸手容易被对方摔倒输分，伸手准确性不好就得不了分。比赛时伸手的实用性和准确性好坏，关系到能否取胜。所以，讲摔跤技术理论时，伸手的准确性是必讲的课题之一。

摔跤技术中的抱紧，是指进攻者用身体贴紧抱握的部位。握抱对方的部位准确，既要求使用不同技术握抱对方不同的部位，又要求和比赛规则相结合，这样才能有效地使用技术。握抱准确有两个目的：一是为进攻技术服务，二是为防守技术服务。也就是说，一是为进攻得分，二是为防守不输分。如果握抱部位不准，使用进攻技术就得不了分，使用防守技术就防守不住而输分。

握抱准只是使用技术的前提，为使用技术作准备，要想得分还必须和握抱住用力地结合起来。握抱准之后还要抱紧才能使用技术，二者缺

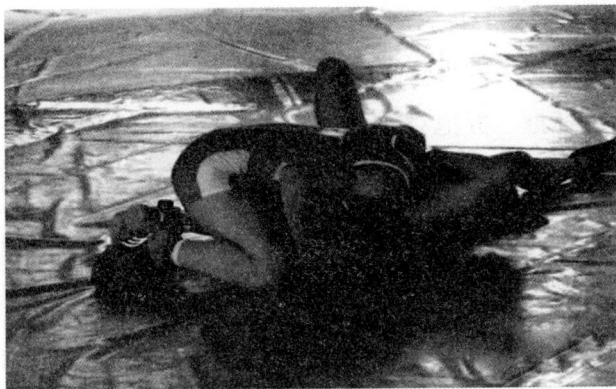

抱　紧

一不可。握抱紧有手法也有技法，主要是使胸腹贴紧对方要害部位，使其不能随意转动离开，两个人重心合在一起，形成一个同心圆，这样无论使用什么技术动作都比较省劲。握紧的方法有两种：一种是第一次就抱准抱紧；另一种是第一次抱准没抱紧，握抱住之后再紧一次手，感到抱紧之后再使用技术动作。如后抱腰滚桥翻技术，抱的部位准确，抱得越紧，滚动起来越省劲。

全身配合

在摔跤技术中，每一项技术动作只有全身配合才能摔倒对方得分，但在摔跤用力过程中有前后顺序的配合，下边进一步作说明。

1. 手与脚的配合

在摔跤技术使用过程中，手与脚的配合是完成技术的第一步。没有手与脚的配合，什么技术动作都无法完成。无论是进攻技术还是防守技术，都要求手与脚协调配合才能完成技术。摔跤移动中无论前进、后退、旋转、左右移动，都是依靠双脚双手的协调配合。从技术上讲，手与脚的配合只是完成技术的第一步，还要有第二步、第三步。

2. 头与躯干的配合

在使用摔跤技术的过程中，第一步是由手与腿的配合完成技术动作的第一步，如抓握、握抱对方身体某一部位；第二步就是头与躯干的配合完成摔跤技术中间的发力部分。摔跤技术发力首先是头的转动变向，带动躯干及全身肌肉用力，躯干只有顺着头转动的方向做动作才能发出力来。摔跤技术中无论什么样的技术，都遵循这样的规律。头是身体的指挥部，不管你是有意无意，头转动的方向就是用力的方向。摔跤比赛训练时，教练员经常让运动员甩头变脸就是指的头转动的方向。摔跤技术的最后完成，是全身配合的结果。

抓住战机与第二次进攻

摔跤比赛获胜的机会，主要是依靠摔跤运动员自己，以我为主积极主动地边攻。摔跤比赛中，只有依靠积极进攻才能创造进攻机会，才有可能抓住战机。不能等待、被动，被动只有挨摔的份儿，没有摔人的机会。不过以我为主积极主动地进攻，并不等于蛮干乱撞，而是要建立在良好的技术、充沛的体力、必胜的信心基础之上的，没有良好的训练基础是不可能获胜的。

1. 摔跤比赛中抓住战机

所谓抓住战机，就是指抓住得分的机会。得分的机会是积极主动进攻创造出来的。以我为主积极主动进攻，就是创造得分的最好机会。进攻的机会，主要指揪住对方防守中的空子、漏子。防守的能力再强也会有空子、漏子的，在积极进攻时要及时抓住才能得分。进攻技术中，常有两种情况：一是一个把位可使用几项技术，如握抱一臂可使用揣、后倒背、夹颈背、穿腿等技术动作；二是抢握抱几个把位使用一项技术，如自由摔使用拨头抱腿、接臂抱腿、左右晃动抱腿等。积极主动进攻时还可以钻对方防守时封堵不严的空子，捡对手步法上的漏步使用技术把他摔倒得分。

2. 摔跤比赛时的第二次进攻机会

摔跤比赛是丰富多彩变化无穷的，进攻的机会是多种多样的，例如从形式上讲有连续进攻、借机进攻、间断进攻、第二次进攻等等。第二次进攻表现形式有两种：一种是第一次进攻不成功接着第二次进攻，另一种是使用一项技术进攻不成功变成使用第二种进攻技术进攻得分。一名高水平的摔跤运动员，掌握的得分技术是多种多样的，绝招技术不是一项而是几项，在比赛时可以对不同的对手使用不同的技术摔人。在训练技术时，让运动员多掌握几种进攻防守技术才能增加比赛时取胜的效率。

3. 摔跤比赛中使用技术时的追与狠

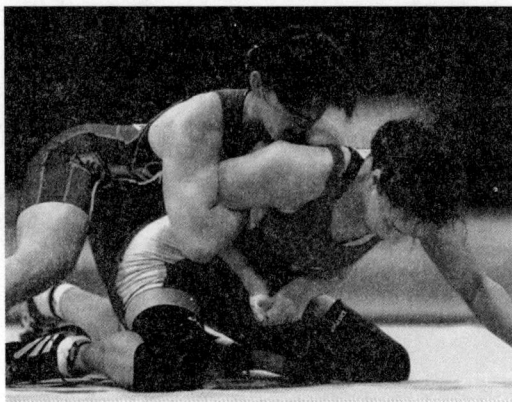

要想使摔跤技术使用成功，就要做到恰到好处，不能过头，追得过头容易被反攻，狠得过头也容易被反攻。摔跤技术在使用时要恰到好处，随机应变，机动灵活，不冒险，不求漂亮，只求实效，摔得稳重机智，力求每场都举手。当然，有的技术动作在使用过程中，追一下可得分，其至得高分，缺少一点追劲就可能不得分，这全靠运动员掌握的寸劲；狠也是一样，有的技术动作狠一下可以得分，甚至得高分，例如压双肩着地，狠劲不够就可能不得分或者少得分，但狠得过了头又可

世界女子摔跤锦标赛

能被对手反攻。在摔跤技术训练中，对技术动作的练习要精益求精，掌握技术要领，要做到不瘟不火，恰到好处。

学习高水平运动员的技术和摔跤技术中应注意处理好以下的几个关系，例如姿势与动态的关系、技术与速度的关系、手准抱紧与技术的关系、技术与全身配合的关系、跤力与体力的关系、站立技术与跪撑技术的关系。处理好这些对提高摔跤运动成绩有很大帮助。

中国式摔跤战术

一个摔跤运动员有了很好的身体素质，即体力、速度、柔韧性，又有了精湛的技术，这还不能算是一个好的摔跤运动员，还要具备动脑子的能力，即有智有谋，根据具体情况安排制胜的战术。

比赛过程中总的战术原则应该是进攻、主动、快速、灵活。摔跤就是彼此要摔倒对方，换句话说就是破坏对方的站立平衡，维持自己的站立平衡。要进攻，当然就不能不破坏对方的站立平衡，反之，自己的平衡就要被对方的进攻所破坏。如果都不进攻就不是摔跤了。

同样的技术和同样的体力水平的两个对抗中的运动员，谁掌握了一场比赛的主动权，谁就能不断地发动有效的进攻，掌握主动，从思想上、动作上就处在主动调动对方的位置，会一胜再胜，取得全场比赛的胜利。如先以得利的手法取得了向前摔（入、揣、挽）的成功，接着就很便于使用向后摔（跪腿摔、躺刀、挤）。来回劲使好了，扑朔迷离，使对方处于防卫中的奔忙，无暇进攻你，而你一鼓作气，取得全场

中国式摔跤比赛

的胜利。

快速是技术素质，也是战术要求，摔跤运动员，两人近距离接触，可以说是短兵相接，你争我夺，十分激烈，动作瞬息万变，机会稍纵即逝。跤界常说"打闪纫针"功夫，就形象地说明了抓机会要有速度。只有快速才能有效地进攻与防守，所以快速是摔跤运动中提倡的风格，是战术的需要。对手不一样，自己在比赛的当时，状态也不是一成不变的，如：体力、技术、左右架都不是千篇一律的。采取一成不变的进攻方法是不行的，要不断地变换战术。跤界常说："长怕抱腰，短怕薅，胖子就怕三晃摇。"就是要灵活地对待不同的对方，力胜智取，战术灵活多变。

强攻猛打

从比赛一开始就用疾风暴雨式的进攻，不停地拉、推、扯、抖，连珠炮似地使用进攻动作，不给对方以还手之机，一鼓作气，争取在最短时间内取得全场比赛的胜利。这种战术适用于对付新手和体力不好的对手。

真假配合

真假动作的配合可以转移对方的重心，也可以改变对方的步法即站立姿势。所以在破坏对方站立平衡上起着重要作用，兵不厌诈，似有非有，无时不有，是重要的战术手段。来回劲的绊子（进攻动作）是经常出现的。抢手、蹬手中，即手与手的配合、手与脚的配合、脚与脚的配合，都是真假配合使用才更有效，使对方难以捉摸，达到自己取胜的目的。

使用绝招

"不怕千招会，就怕一招熟"的说法，说明了运动员重点（拿手）进攻动作的重要作用。用自己的绝招取胜是很有效的，当然要看对方对你这个绝招的反应，你一用就成功，摔跤运动中叫"吃"，你用进攻动作，对方防守能力强，甚至可以反攻，摔跤运动中叫"不吃"。如果对方在你的绝招面前连连失败，你便可以一用再用，争取最后的胜利。

绝招的复合也是重要的，就是在绝招之外，还有一两个动作配合。如以扦别为绝招，还要有挤桩、掏腿配合，使对方顾此失彼，逃过初一，逃不了十五，这才叫绝招。也要注意的是对方会吃一堑，长一智，化被动为主动。到底绝招是否可以连连取胜，要具体判断。

稳扎稳打

与对方交手之后，找出破绽，寻找战机，伺机而入。这种打法站稳跤架，不要过多地失去平衡，以手法的变换，或抓把或松手，稳中不攻地激怒对手。求胜心切者，则方寸必乱，会出现破绽，这时可以转入进攻；取胜之仍不急于进攻，对方更急，如此反复，越战就越有利。有的对方则被你的三撕两扯所蒙蔽，胆小了，失去了求胜的信心，乘此机会转入进攻，易于取胜。这种打法要主动抢手，会使被动型的对手更趋于被动，因而造成对手无目的的动作出现，致使消耗体力过多，重心转移频繁，此时也是转入进攻的好机会。

这种打法遇到实力强的对手，更要强调稳中求稳，一旦找到对手的弱点，也要放开胆量，破釜沉舟，或可取胜。扩大战果不易，不慌不躁，求得小胜也是良策。

借力顺势

对方进攻时，对方拉，你就进，对方推，你就退，不给对方创造使反方向力的机会。在进与退的动作中，方向上要略有变化，以柔克刚，顺水推舟，或欺或闪，借劲使劲。常讲的借人之力，顺人之势。如对方推你时，可以用挽、踢及转体的动作取胜。在这种战术中，听劲很重要，所谓听劲，就是在双方接触中，感觉对方用力的方向及用的时机的能力。

守中有攻

防守应该是积极的，防守的目的是避其锐气，是反攻的前奏，保存实力，捕捉战机。防守战术中，手法的重要性也不容忽视。破坏了对方的手法上的优势，就破坏了对手的进攻优势，尤其不让对方抢底手，而自己抢到了底手，就利于自己进攻了。尤其在左架对左架，右架对右架的情况下就更有必要。

防守本身就包含着反攻，如以跪腿或盘腿对付对方的小得合。其实，每个进攻技术都有防守技术去对待，甚至都可以有反攻技术去对待。从理论上讲，进攻的过程也是不稳定的过程，因为在进攻的一瞬间，进攻者的某一方向上稳定角度小。

在双方对摔中，进攻与防守是错综转换的，单一式的防守是没有取胜的希望的，只有防守中积极转化成进攻，甚至假守真攻才是好的战术。

PART 8 裁判标准

裁判组成

　　裁判组的构成在所有竞赛中，每场比赛的执行裁判组由下列人员构成：1 名执行裁判长 1 名场上裁判员 1 名侧面裁判员。在任何情况下，不允许一场比赛的执行裁判组中有两名同一国籍/地区的裁判员。严格禁止裁判员执裁本国/地区运动员的比赛。

裁判员代表在 2009 女子摔跤世界杯开幕式上

　　执行裁判长和侧面裁判员使用的场上记录表用来全面地记录双方运动员使用动作所获得的分数。所有记录的动作分值、受到的警告都必须做到最大程度的准确，以便达到与比赛具体阶段的一致性。执行裁判长和侧面裁判员必须在自己的记录表

上签名。执行裁判长应具备运用国际裁判员章程相关章节中规定的技术

和特别技巧的能力。

场上裁判员应左臂（Left Arm）佩戴红（Red）色袖套，右臂（Right Arm）佩戴蓝（Blue）色袖套。运动员使用动作后，场上裁判员应用手指表示动作的分值。红方运动员得分就举起左手，蓝方运动员得分就举起右手。运动员使用动作后，场上裁判员用手指进行打分：得1分手势：高举手臂、手握拳、伸出大拇指。得2分手势：高举手臂、伸出大拇指和食指。得3分手势：高举手臂、伸出大拇指、食指和中指。得5分手势：高举手臂，手掌全部展开。

摔跤的动作分值

得分标准

国际式摔跤除了获"双肩着地"绝对胜利外，比赛的胜负是以动作的质量作为得分的依据，并以得分的多少决定比赛的胜负。因此，作为一名裁判员是否准确地评定动作质量，给予相应的技术分，是该名裁判员业务能力水平高低最直观的体现方式。

动作的评定标准

1分：

——将对手摔成三点着地，并将其控制住（一膝两手或两膝一手）。

——将对手摔成体侧着地（未成危险状态）、胸腹着地。

——将对手控制在背朝垫子，一手或双手支撑垫子。

——逃出界外（非危险状态下），逃避抓握，拒绝服从裁判员的指令（如跪撑角斗中）使用犯规动作未能阻碍对手的进攻或有不道德行为。

——跪撑角斗中，下面的运动员翻到上面，自己使用动作解脱成面对面站立姿势，并保持与对手接触（膝盖离地）。

——将对手控制在桥上达 5 秒或 5 秒以上。

——在跪撑角斗时，将对手抱离垫面，使用动作成功后的附加分。

——在指令性搂抱时，率先打破搂抱状态，但未能正确使用动作，被罚一分。

2 分

——跪撑角斗时，使对手处于危险的状态。

——对手使用犯规动作，阻碍了进攻者的动作完成。

——危险状态下逃出界外。

——在指令性搂抱时，不听从裁判员的劝告，拒绝搂抱。

3 分

——站立摔时，将对手直接立刻摔成危险状态，但幅度较小。

——跪撑角斗时，将对手抱离垫面，并立即使其处于危险状态（幅度较小），即使其一手或两手仍然与垫面保持接触。

——使用大幅度动作，但未能使对手处于危险状态。

5 分

——所有站立状态下使用大幅度的动作，并使对手立即或直接处于危险状态。

——跪撑状态下，将对手抱离垫面，并使用大幅度动作，将对手立即或直接处于危险状态。

注意：古典式摔跤与自由式摔跤评分的不同点，在自由式摔跤中，将对手摔成臀部着垫；一手支撑，另一手作翻上状，或两手同时反抱对手的大腿，一般情况下不予评分，视为正常角斗，反抱大腿摔，使其双脚离垫，幅度较大，应给 3 分。

危险状态

当运动员的脊柱（或两个肩胛骨的连接）与垫子的夹角小于 90 度时，被视为危险状态。

下列情况被认为是"危险状态"：

防守队员做桥以避免双肩着地；

为避免双肩着地，防守运动员背朝垫子用一肘或双肘撑地；

运动员的一个肩着地，同时与另一个肩的连线和垫子夹角小于 90 度（锐角）

运动员瞬间"双肩着地"但时间不足 1 秒；

运动员双肩滚动。

如果运动员的背与垫子仅构成 90 度，这种状态不认为是危险状态。（死点）

动态搂抱及疑难问题解答

任何一方运动员只要获得比赛胜利所必须的三个技术分，则比赛中不用再进行搂抱。

搂抱的正确姿势

双方运动员的脚都必须站在中心圈指定的区域内，胸贴胸，双脚站直，身体直立，不能有任何弯曲或弓步，不准肩顶肩被搂抱者双臂微微离开体侧，搂抱者双手搭扣，当裁判认为双方已正确的搂抱后，听哨开始比赛。

搂抱易出现的难点及判罚

（1）主动搂抱运动员的犯规行为：

首先看他是否有上步动作，搭扣时圈住对手肘关节及以下部位，搭扣时握住自己的手腕或成握手状态，以对手没站好为理由延误比赛时间，拒绝接触。

判罚：第一次出现上述情况，场上裁判员给予"Attention Blue 或 attention Red"提示，当出现第二次上述情况时，如果是拒绝搂抱的行为，则警告一次，罚二分，由对手选择姿势，如果只有上步或弓步等行为，则警告一次，罚一分，由对手选择姿势。

（2）被动搂抱运动员的犯规动作：

首先看他是否有下蹲、后仰、后退动作，或左右晃动手臂，以对方搂抱姿势不正确为由，拒绝搂抱，或两臂伸直，提肩等迫使对手无法搂抱搭扣等。

判罚：第一次提醒，告其教练员，如第二次再犯类似的错误或其他错误，则警告，处罚1分至2分，由对手选择姿势，拒绝搂抱者一律警告，罚2分。

在搂抱的过程中，以肩为界线，谁先双手脱扣或滑到肩部都算脱扣，裁判员应及时用相应的手示意但给予一定是时间修补把位进攻。如没有动作出现或者使用动作不成功，则立刻鸣哨停止比赛，给率先松手或上肩脱扣者一个警告罚一分；由对手选择姿势。

动态搂抱的规定

在搂抱过程中：一方脱扣，另一方做动作得分，得分有效。脱扣者不受处罚，比赛继续进行。

如一方脱扣哈罗双方脱扣，裁判员不是立刻停止比赛而是采用下列程序：

（1）用消极手势，侧平举、掌心向下，示意红方或蓝方先脱扣。

（2）给脱扣者足够的时间修补把位，让其做进攻动作，时间约10秒左右。

（3）如搂抱松开后，比赛没有积极进行，也没有出现得分动作，则裁判员停止比赛，判先脱扣者一个警告，罚一分，有对手选择姿势。

（4）在搂抱过程中，如把对手抱起，将其放在界外，结果在对手的脚还没有接触保护区时，自己的脚先踩出界，则被罚一分警告。由对方选择姿势。

通常情况下，搂抱仅限1分钟，如搂抱过程中，双方没有出现得分情况，主动搂抱方追加处罚一次警告，对方得一分，选择姿势。

在搂抱过程中，判罚出界是相当严格的，裁判员在清楚地能辨别谁先出界时，给出界者一个警告，对手得一分，选择姿势。

在搂抱过程中，双方同时出界，分不清先后，则回到场中心区重新开始搂抱，顺序交换。

如上述情况再次出现，裁判员必须裁定谁先出界，给予一方警告，处罚一分。

在搂抱过程中，如一方处于被控制状态或者主动用动作处于下方时，则被判为失分，不中止比赛。

判罚搂抱后，侧裁和裁判长在场记表上，清楚地记录下红方或蓝方谁先搂抱，用"K"在搂抱方的表格中记录下来，将其得分用"□"框出来。

指令性跪撑

1. 正确的跪撑姿势及判罚

下面的运动员双手双膝着垫，两臂伸直，手和膝关节的距离不得小于20cm，肘关节不能着垫，不能贴着膝关节，双脚不能交叉重叠；臀部不能接触脚后跟。

上面的运动员可以根据情况选择所需要的进攻姿势，但双手必须张开平行放置在对手的肩胛骨上，不允许放在对方的肩膀上或对手的腰上，不许用腿勾住对手腿或接触对方身体其他部位。

如第一次出现没有按照上述要求去做，提标一次；第二次出现时：上面运动员违规：则警告一次，罚一分，双方运动员换位。下面运动员违规：则警告一次，罚一分，不换位。

2. 跪撑状态解脱得分与不得分的判罚

跪撑状态解脱后，面对面直接保持与对手接触得一分。注（在不掰手不犯规的情况下）。

跪撑状态解脱，跑出去，没接触不得分。

跪撑状态解脱后，双方虽然接触，但跪着一条腿或两条腿。不得分。跪撑状态解脱后，直接面对面接触进攻，但对方逃避抓握，推对手或跑，则得一分，罚对方一次警告，选择姿势。

3. 跪撑出界的判罚

在跪撑正常角斗中，使用动作出界，回来后仍以跪撑状态开始比赛。在跪撑中，没有使用技术动作，而是以拉、推的方式使对手出界，其目的只是为了要一个跪撑的优势，出界后回到场地中心区从站立姿势开始比赛。

4. 逃避抓握的判罚

在比赛过程中，比分接近时为了逃避对手的进攻，防守方明显地拒绝同对手接触，主动后退，甚至满场跑，这种情况也可能出现在比赛区或消极区，判逃避者一次警告，罚 1 分，由对方选择姿势。

在跪撑角斗中，处于下面的运动员趴在垫子上，拒绝裁判员"打开"（open）的指令，同样视为逃避抓握行为。也将受到警告处罚，并罚一分。

5. 消极行为及处罚

（1）消极的定义

运动员在比赛过程中违背

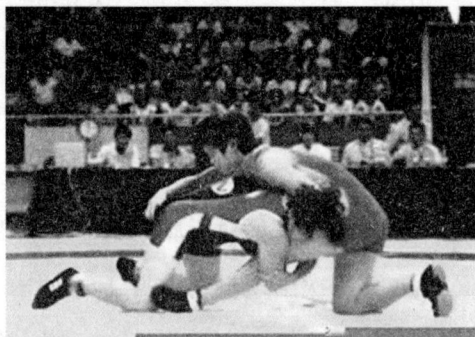

跪撑动作

了摔跤公认的宗旨，无论是站立还是跪撑状态，均视为消极行为。

宗旨：积极主动，全面连贯，勇猛顽强。

（2）消极的表现形式

不使用动作。古典式：低头、弓腰、撅臀、夹肘、防守；自由式：低站架只防守。满足假动作，不努力真正地使用动作进攻。屡次阻碍对手做动作，用头顶对手的胸，抓住对手的手腕不进攻。

在自由式摔跤中，抱住对手的一条腿夹在自己的双腿之间，用自己的腹部平压在对手的腿上，不适用动作。

将对手推出界外，阻止对手进入中心区。

跪撑角斗时，趴在垫上不打开，无范围地爬行。

拖延比赛时间，假装受伤。

反拿臂不进攻。

6. 消极的处罚程序

凡是运动员在比赛过程中有上述行为者，将受到场上裁判员的口头提示警告。运动员听到指令后应该主动改变其行为，积极进攻，否则将受到消极警告处罚，由对手选择姿势。

场上裁判认为一方有消极行为时，应有口语和手势明确示意，如认为红方消极则要用左手示意，认为蓝方消极则伸出右手示意。

注意：判罚消极一定要征求侧裁或执行裁判长的同意，形成 2：1 的多数，则消极判罚成立。

正常角斗出界与逃出界外的判罚原则：

原则与依据

1. 原则

什么状态出界将回到场中央从什么状态开始比赛。判罚出界的依据：站立看脚，跪撑看头。

站立状态下，只要任何一方运动员的一只脚进入保护区，即视为出界，比赛应暂停（注：所有在比赛区开始的动作均被视为有效）；

跪撑状态下，只要一方运动员的头部接触保护区，即视为出界，回场中央从跪撑状态重新开始比赛。（注：处于下面的运动员主动用头接触保护区，均视为主动逃出界外）。

2. 出界的形式及判罚程序

形式：角斗出界、逃出界外、推出界外

正常出界：双方相互控制或互不控制，都有积极进攻及向界内转移的意图。

逃出界外：一般都处于被动状态或在防守中即将失去重心时，主动向边线移动，在跪撑状态下主动爬向用头触及保护区，或在跪撑状态下，为避免上肩着地主动做桥顶出界。

推出界外：站立时，主动方尽满足于用体力，用手或身体推对手，使其出界，其目的是将对手推出界。

判罚程序：正常出界不处罚任何一方，回场中心区，重新开始比赛，但如有一方在相互角斗中屡次率先出界，或借对手进攻，顺势出界，如在消极区发生，第一次提醒对手应主动向界内转移：第二次再发生类似的情形则视为逃出界。

凡是在比赛区（消极区以内）发生的防守动作，防守方退至保护区者，一律被视为逃出界外，因为有足够多的时间和空间转移至比赛区。

站立状态下逃出界外，将受到罚1分和警告一次；由对手选择姿势；跪撑状态下逃出界外同理。但是处于危险状态下逃出界外者1个警告罚2分，由对手选择姿势。

凡是在比赛区（消极区以内）域内使用动作将对手摔出界外，动作成功，则回到场中央从跪撑状态开始比赛。

凡是在比赛结果锣声同时发生的动作，一律为有效。凡是在裁判哨声以后发生的动作均为无效。

界外使用动作均为无效。

界外使用动作均为无效（无论是进攻还是反攻），如进攻者从界内将对手摔至界外，对手随之反攻，前者得分有效，后者得分无效。回场中心区从跪撑状态开始比赛，得分者在上。

3. 犯规动作

（1）下列动作一律被视为犯规动作：

拽头发、抓耳朵、抠眼睛、咬人、撅手指、脚趾、捏皮肤、勒脖子、反关节、用肘或膝盖撞击对手；比赛过程中双方运动员讲话，用手触及对方脸部与眉口之间的区域；抓跤手、垫子等。

反抱躯干或反抱大腿，压迫对手的腰部，向头的方向发力（压迫脊柱）。

骑缠向后倒，坐在对手腰部后倒（压迫脊柱）。

（2）骑缠锁握肩颈：

先向前发力（类似于柔道技术中的绞技）容易使人窒息，然后，向侧翻。

自由式摔跤跪撑角斗时，外别小腿滚桥。

先别小腿（反关节），与滚桥同时发力。

（3）不能连续使用的动作：

交叉握小腿滚，容易受伤。

（4）严禁使用的动作：

扭曲对手的小臂使之小于90度。

站立摔时，外拿小臂摔。

禁止从上到下（头部）压桥，或在桥状态下，将其抱起再砸向垫面；或向下压桥。桥状态只能被向侧面压塌的。

自由式摔跤中，双脚搭扣剪夹对手身体或颈部的动作。

所有勒脖子的行为，不管其是否锁住对手的肩与臂。

4. 犯规的处罚程序

一般说，如果进攻者在使用动作时犯规，该犯规动作无效并给以口头警告，如果进攻者重复他的犯规，将给予一个警告，罚一分，由对手选择姿势。

如果防守队员使用犯规阻止对手动作的发展，将受到一次警告罚2分，由对手选择姿势。

5. 场上裁判员处罚犯规者的程序

——暂停比赛。

——如果有危险，迫使运动员停止犯规动作。

——宣告警告。

——如果动作能够完成，除了给该动作相应的技术分外，追加处罚犯规者一次警告，罚一分，由对手选择姿势。

——如果动作无法完成，警告加罚 2 分，由对手选择姿势。

注意进攻者开始时动作正确，然后犯规，则前者动作有效，后者动作无效，如果进攻者开始动作犯规，然后动作正确，则动作无效。

6. 特殊禁止事项

为了保护年轻运动员的身体健康，下列动作严禁在青少年儿童组别及女子组中使用。

——向前或向侧面的双腋下握颈翻。

——自由式摔跤中，进攻者一条腿勾住对手的一条腿，同时使用双腋下握颈。

注意：古典式摔跤不像自由式，它要求伴随对手倒向垫子。

7. 教练员

比赛期间，教练员应在摔跤垫子（台）的角部或待在离垫子至少 2 米的地方。运动员受伤时，教练员可以协助医生予以医务处理。除此之外，严禁影响场上裁判员、侧面裁判员的判罚以及侮辱裁判员。

教练员在比赛期，只能身穿运动服及运动鞋指挥自己的运动员比赛。

如果不遵守上述规定，场裁有权要求执行裁判长给教练员以黄牌警告，如果继续坚持，执行裁判长将出示红牌警告，取消其临场指挥比赛的资格。

裁判组职责

裁判组组成

裁判组应由以下人员组成，技术代表，总裁判长，副总裁判长，临场裁判员，编排记录长、记录员、检录员、宣告员、记时计分员、技术录像师，临场大会医务人员等。

裁判员的素质

每场比赛的执行裁判组由下列人员构成：

1 名执行裁判长（Mat Chairman）

1 名场上裁判员（Referee）

1 名侧面裁判员（Judge）

根据规程抽签决定执裁的三名裁判员。任何情况下，不允许一场比赛的执行裁判组中有 2 名同一国家的裁判员。严格禁止裁判员执裁本国运动员的比赛。

裁判组主要职责及要求

技术代表：依据规则，对比赛的全部过程进行监督，纠正维护比赛的公正性；依据规则、规程精神，负责对竞赛中疑难问题进行解释和评判，是整个比赛的最终判决。

总裁判长：全面负责竞赛的裁判工作，检查落实比赛场地的器材、裁判用品等事宜；组织裁判组的学习，通报竞赛规则的最新变化，明确分工统一尺度。主持大会技术会议，根据规则、规程的规定负责对竞赛工作的问题进行解释。做好裁判总结工作，审核、签署和宣布比赛成绩。协助和配合技术代表处理竞赛中出现的有争议的重大问题。

副总裁判长：协助总裁判长工作，在总裁判长临时缺席时可代理其职责。负责处理竞赛过程中有关临场执裁、检录、记时计分等出现的问题，并及时报告总裁判长。

临场裁判员：经摔跤协会登记注册，持有裁判员资格证书。精通《摔跤竞赛规则》及裁判法。尊重并服从裁判长的指挥，遵守《裁判员守则》。

裁判员不得以任何形式兼任运动员的领队、教练工作。不得随意向运动员及运动队传递有关裁判组内部信息。相互团结，相互帮助，工作中协调配合，认真做好裁判工作小结。

编排记录长：协助裁判长作好赛前准备工作，负责编排制定编排组的工作，审查运动员报名表。组织竞赛抽签工作，赛前训练场地，比赛场次，比赛场次，台次的分配，处理运动员弃权，变更等工作，及时向总裁判长汇报情况。准备各种竞赛表格并发送有关裁判组。负责核实登记及时公布比赛成绩。整理资料，编写成绩单。

宣告员：熟悉摔跤规则及摔跤竞赛基本知识，具有一定的语言表达能力，适时介绍摔跤比赛常识、特点，起到宣传本项目的作用。介绍赛会概况，宣布比赛开始、结果，比赛级别场次，介绍临场裁判员、运动员。

场上裁判员

（1）场上裁判员必须根据规则的规定在摔跤垫上指导比赛，以确保比赛的顺利进行。

（2）他必须受到运动员的尊重并对他们拥有绝对权威，以便使运动员在场上能立即执行他的命令和指示；在他指导比赛时，不允许场外有任何不规范的和不适宜的干涉。

（3）工作中他应与侧面裁判员密切配合，履行督导比赛的职责并使比赛免受外界的干扰或冲击；通过哨声开始、暂停和结束比赛。

（4）运动员出界后，场上裁判员在征得侧面裁判员或执行裁判长同意后，命令其回到场地中央，或使比赛以站立状态继续进行。

（5）场上裁判员应左手佩戴红色袖套，右手佩戴蓝色袖套；运动员使用动作后，场上裁判员应用手指表示动作的分值（如果动作有效，如果是在界内使用动作，如果运动员被对手压在危险状态等等），蓝方运动员得分就举起右手，红方运动员得分就举起左手。

（6）下列情况下，场上裁判员应毫不犹豫作出决断：

在恰当、正确的时间暂停比赛，既不能太早也不能太迟；

示意场地边缘使用的动作是否有效；

当一方运动员被控制在压桥状态时，应明确地数 5 秒并给对方运动员加分；

在征得侧面裁判员同意，如侧面裁判员无法确定，则征得执行裁判长同意后，示意并宣布双肩着地胜利（TOUCHE 或 FALL）；为了准确地判断运动员是否被压至双肩着地，场上裁判员应自己默念"TOUCHE"（FALL），然后举手示意侧面裁判员或执行裁判长，在征得其同意的情况下，用手拍击垫子并吹哨停止比赛。

（7）场上裁判员必须注意：

比赛暂停运动员回到场地中央（他们的双脚在中心圈内），场上裁判员应迅速而明确告诉运动员，比赛是从站立状态还是从跪撑状态开始；

不要站得离运动员太近，否则会妨碍侧面裁判员及执行裁判长的视线，尤其在可能出现双肩着地的时候；

比赛中不允许运动员借擦身体、擤鼻涕或假装受伤等机会进行休息；如出现类似情况，他必须马上中止比赛，给违规运动员 1 个警告（o），对手获得 1 分；

应在场地上不时地变换位置，从垫子的一边到另一边，或在垫子上转圈；在运动员可能出现双肩着地时，为更好地观察动作，场上裁判员应立即平趴在垫子上；

为在不暂停比赛的情况下刺激消极运动员，场上裁判员应站在能阻止运动员逃离垫子的位置上；

在运动员过于接近边界时应准备随时吹哨中止比赛。

（8）场上裁判员还应注意：

古典式摔跤比赛时应特别注意运动员的腿部动作；

在比赛结束宣布结果前，要求运动员一直在比赛场地内；

在必要时，对执行裁判长对面边线区域内出现的任何情况应首先征求侧面裁判员的意见；

在需作出取消运动员比赛资格或判定胜负决定时，同裁判组其他裁判员一起表决；

在征得执行裁判长同意后宣布比赛的获胜者。

（9）场上裁判员必须制裁有违反规则或野蛮行为的运动员。

（10）当双方运动员的得分相差达 6 分时，场上裁判员在执行裁判长示意时必须中断比赛，宣布技术优势胜利，但宣布前必须等待场上进攻或反攻动作的结束。

侧面裁判员

（1）侧面裁判员应履行规则规定的所有职责。

（2）侧面裁判员必须集中精力观察比赛全部过程，不允许分散注意力；对场上的每个动作都应判出分数，在征得场上裁判员或执行裁判长的同意后，将分数填写在场上记录表内；同时必须在任何情况下表明自己的意见。

（3）每个动作之后，侧面裁判员根据场上裁判员的判分（与自己判的分数相比较），或在出现异议时根据执行裁判长的判分，并将确定下的分数记录下来，并将结果输入身边的显示牌内；显示牌应让观众和运动员均能看到。

（4）侧面裁判员应向场上裁判员证实或指出运动员出现了双肩着地。

（5）在比赛中，如果侧面裁判员看到场上裁判员没有看到或没有注意到的情况（如双肩着地、犯规动作等）并认为有必要提醒场上裁判员注意时，即使场上裁判员没有征求他的意见，也应举起与有问题运动员跤衣颜色相同的牌子。

在任何情况下，侧面裁判员必须提醒场上裁判员注意比赛过程中或运动员动作中出现的不正常或不规范的行为或动作。

（6）侧面裁判员必须认真填写场上记录表并在比赛结束后将该场比赛结果清楚地填写在场上记录表上，同时划掉负方运动员的名字并填写获胜运动员的姓名。

（7）除宣布技术优势胜利前需执行裁判长表明自己的观点外，侧面裁判员和场上裁判员意见一致时所作出的决定即为有效并应立即执行。

（8）比赛在双肩着地、技术优势胜利、弃权等情况下结束时，侧面裁判员应在场上记录表上准确记录比赛结束的时间。

（9）为了能够较容易观察比赛，尤其是出现难以处理的情况时，侧面裁判员可以离开座位，但只能沿着自己这边的垫子边走动。

（10）侧面裁判员必须在最后得分下面划线，这样能表明这一局比赛的胜者。

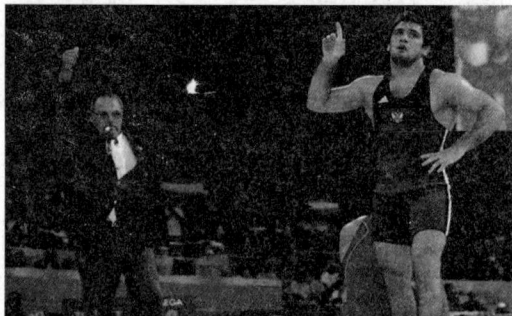

裁判吹响胜利哨声

（11）运动员因逃出界、使用犯规动作、使用不正当跪撑姿势、使用野蛮动作等受到警告时，侧面裁判员应在场上记录表中"受警告运动员"一栏纪录下一个"O"符号。

（12）场上每出现一次搂抱情况，侧面裁判员必须在场上记录表上"先搂抱运动员"一栏中记录下一个"K"符号，并在"因搂抱获得的分数"上划圈以示区别。

执行裁判长

（1）执行裁判长的作用非常重要，应履行规则中规定的一切职责。

（2）他应协调场上裁判员和侧面裁判员的工作。

（3）男子自由式比赛中，应该在一局比赛0—0结束时示意运动员进行搂抱；古典式比赛中，应该在一局比赛第一分钟0—0结束时，示意场上裁判员抛币来决定搂抱方和被搂抱方。

（4）他应细心观察比赛的整个过程，不允许有任何走神现象，并且根据规则评判执行裁判组其他成员的工作行为。

（5）在场上及侧面裁判员的判罚出现分歧时，他的职责是通过解决分歧来决定比赛的结果、动作的分值或双肩着地。

（6）任何情况下执行裁判长都不要先表态，应等侧面裁判员、场上裁判员发表意见后再表态；执行裁判长没有影响他们独立作判断的权利。

（7）有明显错判时，执行裁判长有权暂停比赛，询问场上裁判员及侧面裁判员作出该决定的理由；经过与场上裁判员和侧面裁判员协商后，如得到支持自己意见的多数票优势（2∶1），可立即更改此决定。

古典式反抱躯干摔

基本原则

古典式摔跤每局分为一分钟站立摔和一分钟跪撑摔，具体要求是，在每局比赛前一分钟进行站立摔，在一分钟站立摔时，一方运动员未获得"双肩着地"、一个 5 分大动作、两个 3 分动作及比分相差 6 分的情况下，第二分钟的比赛从跪撑开始，跪撑的姿势为"反抱躯干"双方运动员各把持 30 秒。

"跪撑反抱躯干"的正确姿势与处理

1. 防守运动员双手撑垫，双膝跪在垫子上，两臂自然伸直，双手与两膝之间的距离不得小于 20 厘米，双脚不能交叉重叠，臀部不能坐于脚跟。

2. 进攻运动员应站或跪在对方体侧，但脚或腿不能站或跪在对方肩前或挤挡对方的手臂和身体，以反抱躯干的姿势双手搭勾后，裁判员即可吹哨开始。

3. 进行"跪撑反抱躯干"摔后，在规定的 30 秒结束时，上面的运动员没有得分，给对手一分。

4. 进入"跪撑反抱躯干"摔时，在规定的 30 秒内，一方运动员未获得"双肩着地"、一个 5 分大动作、两个 3 分动作及比分未相差 6 分的情况下，双方将交换位置进行后 30 秒的跪撑摔（姿势为"跪撑反抱躯干"）。

跪撑顺序的选择

在前一分钟比赛结束时，比分出现 0：0 的情况，将以抛牌的方式决定先抱者；在有比分的情况下，得分多者先抱；在比分相同的情况下则按以下顺序决定：

1. 警告少者先抱；

2. 分值大者先抱；

3. 后得分者先抱；

警告

1. 在每局比赛的前的一分钟，运动员因犯规受到警告受以下原则判罚。

（1）站立或跪撑摔时，进攻者犯规得分无效。

（2）站立摔时进攻者使用动作，防守者犯规，给犯规者一次警告，并给进攻者相应的分数，比赛从站立开始。

（3）在跪撑摔时，进攻者使用动作，防守者犯规，处罚标准同上，比赛从跪撑姿势开始（后面扶肩）。

2. 在每局比赛一分钟站立摔时，一方运动员因逃跑出界、逃避抓握等行为。同样受到一次警告，给对手一分。比赛从站立开始。

3. 在"跪撑反抱躯干"开始时，上面的运动员不采用正确的跪撑预备姿势，第一次给予劝告，第二次给予警告，并给对手一分，比赛从站立开始：下面的运动员不采用正确的跪撑预备姿势，第一次给予劝告，第二次给予警告，并给对手两分，比赛从反抱躯干摔开始：

4. 在进行 30 秒跪撑摔时，如进攻者使用动作，防守者犯规，将受到处罚。进攻动作成功给予相应的技术分，给防守者一次警告，给进攻者再增加一分。如进行者使用动作不成功，除给防守者一次警告，给进攻者增加二分，比赛从"跪撑反抱躯干"开始。

5. 在一场比赛过程中，如一方运动员受到三次警告，比赛立即结束，判对方获胜。

危险状态的处理

1. 无论在任何情况下，一方运动员处于危险状态（压桥），比赛都将继续进行，直至解脱、双肩着地或一局比赛结束。

2. 在每局比赛前一分钟时出现危险状态，压桥超过一分钟，在 1 分 30 秒前解脱，比赛继续进行至 1 分钟 30 秒。然后进行"跪撑反抱躯干"摔。谁得的分数少谁在下面，如果出现平局则按"跪撑顺序选择"的规定的条件执行。

3. 同样在每局比赛前一分钟时出现的危险状态，压桥超过一分钟，在 1 分 30 秒后解脱，比赛继续进行直至该局比赛结束，不再进行"跪撑反抱躯干"摔。

4. 当比赛进入第一个 30 秒跪撑摔时，出现危险状态，压桥时超过

30 秒后解脱，比赛继续进行直至该局比赛结束，不再进行"跪撑反抱躯干"摔。

5. 同样在第一个 30 秒跪撑摔时出现危险状态，压桥时间未到 30 秒运动员逃脱，比赛到 30 秒时停止，进行交换从"跪撑反抱躯干"姿势开始比赛。

出界

1. 在站立摔时判断出界的标准为，以双方运动员的脚为准，谁先出界，谁将失去一分。

2. 跪撑角斗出界为正常出界，比赛从站立开始。

3. 推入出界的概念

（1）一方运动员双手同时发力，将对手推搡出界，推人的一方将受到处罚（处罚标准同逃跑出界）。

（2）双方在站立角斗中，有把位的推挤，不视为推人，出界的一方失去一分。

（3）从跪撑角斗转入站立的出界，同时以脚为准，脚步先出界的一方将失去一分。

自由式摔跤搂抱

搂抱姿势

1. 先搂抱方可选择抱对手的左腿或右腿进行搂抱。被动方必须将被抱的脚放在中心区等待对手的搂抱。

2. 先抱方双手十指搭勾在对方的膝窝处进行搂抱，头在对手的身体外侧，被抱方手必须放在对方肩背部，哨前双方不得发力，正确姿势后吹哨开始比赛。

危险状态

在加时赛中，一方运动员把对手摔倒并控制在危险状态，这种情况下不再进行压桥，吹停结束比赛（即在加时赛中见分就结束比赛）。

裁判员注意事项

具体事项

裁判员除应遵守《裁判员守则》和《裁判员工作管理办法》外，还应注意以下几点事项：

第一，必须做到按规则独立判断，大胆地表述自己的意见，不能受外界的影响。

第二，裁判长和侧面裁判员示分后，应按2：1的原则将比分记录在记录表内。如果连续得分，裁判长和侧面裁判员不要急于记录，应用心记住，等动作结束时再记录在表内；否则容易发生示分的错误。

第三，场上裁判员跑动的路线，始终与执行裁判长、侧面裁判员保持三角形的路线，3个人决不能成一条直线。

第四，运动员站立摔时，场上裁判员应离运动员远些；跪撑角斗时，场上裁判员应离运动员近些。站立摔时，场上裁判员应预料到运动员使用技术的发展方向，然后应立即跑到运动员倒地的位置，以便看清运动员倒地的姿势。

第五，3名执场裁判员既要讲原则，又要配合默契，决不能意气用事。

第六，3名执场裁判员判分不一致时，其他裁判员不得干扰，由裁判长处理。

PART 9　风格流派

蒙古族式摔跤

蒙古摔跤是我国蒙古族的传统民族体育活动，蒙古语称为"搏克"，摔跤手称为为搏克·巴依勒德呼。蒙古族摔跤有着悠久的历史，早在十三世纪时已经盛行于北方草原。既是体育活动，也是一种娱乐活动。

蒙古族摔跤对决

近代方志记云："肇自古昔，为蒙古最嗜之游戏，今则盛行于北蒙古，若逢鄂尔博祭日，则必举行此技，角者著皮革之单衣，跨长靴，东西各一人，登场而斗，以推倒对方为胜。族长及王公临而观之，授胜者以奖品，平时则其部之少年，集二、三人而行之。"这说明当时的蒙古人不但在那达慕和祭敖包时进行，而且在平时也三五相聚，搏击为乐。

竞赛规则

比赛场地及规格

比赛场地：

比赛在平整的天然或人造草坪或土质地面上举行，要求表面清洁，无碎石粗沙，不得有与地面镶平的坚硬物（如砖、石、金属物等），土质场地要保持适当硬度。如遇特殊情况可以在室内进行，但必须用中国式摔跤或柔道场地的设备、规格代替并罩帆布盖单，或铺设一定厚度的粗绒地毯。

场地规格：

团体赛、个人赛、表演赛均采用长方形或扇形场地，其边长、半径视比赛规模而定（32 米、64 米、128 米……）。有三个以上场地，则应按放射形成或扇形布局；长方形场地以并列平行布局。

推圈决胜场地：

2.5 米为半径的圆圈，由线的内沿算起。

裁判员服装、手势及口令

服装：

主裁判员身着统一的礼帽、蒙古袍、腰带、长筒靴（也可根据规程要求统一着装）。裁判长的服装和腰带要有明显的颜色区别。

手势及口令：

比赛开始：双手掌心相对分别指向双方队员合掌，同时发出"伊和乐"口令。

比赛暂停：右臂前伸于双方队员之间，手举垂直向下挥，同时发出

"昭格斯"口令。

平跤：双手握拳，拇指同时向上伸出，同时发出"罕"口令。

判定胜负：手指并拢手臂伸向胜方一侧，同时发出"哈亚"口令。

犯规：右臂前伸，食指指向犯规队员，同时发出"暴人"口令。

运动员比赛服装

男、女运动员必须穿着按统一规格制作有金属铆钉镶边的皮制"卓得戈"（袖口宽度应是在屈臂时对方能伸入手指为限，双腋下应有抓把位）。布制"班泽勒"（用16尺以上白布制作），三色（蓝红绿）"策日布格"（女子不戴），绣花"陶胡"（女子彩色袍裤），靴子"廓特勒"和皮制"布斯"。女子比赛服装"卓得戈"内可穿半袖紧身衫或戴护胸。

蒙古族摔跤服

比赛前10分钟参加检录。运动员的比赛服装必须符合规定。比赛中运动员不准留长指甲、戴手镯、手表、戒指、耳环、发卡等装饰物及其它尖硬物品。长发必须盘扎。比赛前，运动员入场时的"德波"（跳跃），不得少于16步。运动员必须尊重裁判员、对方运动员和观众。团体赛中运动员必须按指定地点就座。比赛中运动员不得擅自离开比赛场地，特殊情况需经裁判员许可。

比赛礼节

比赛前的入场和比赛结束后的退场均进行"德波"（模仿狮舞、鹿跳、龙腾、虎跃等动作进行跳进、舞出），并向主席台和观众致意。入场后按顺时针方向绕场走动，并自然形成圆圈准备比赛。团体赛，两队入场后双方领队互赠哈达或队旗致意。无论个人赛（每轮）或团体赛开始时，运动员均随"乌日亚"乐曲入场。

两人比赛前，运动员两手掌心向上自然前伸互相鞠躬致意。比赛结束后，胜者将负者扶起，双方主动走到裁判员附近，等候裁决。佩带"将嘎"必须规范化，在各类比赛区中，运动员佩带的"将嘎"必须是同级或同级以上比赛中授予的"将嘎"（表演赛除外）。

比赛性质

个人比赛：以每个人在预赛、决赛中的成绩确定个人名次的比赛。

团体比赛：以每个队在团体赛中的成绩确定名次的比赛。

安慰赛：以个人预赛中未能进入决赛的运动员之间的比赛成绩确定名次。

表演赛：由主办单位按特定方式组织的比赛，以单淘汰制比赛确定名次。

比赛制度与编排

个人赛：

个人比赛采用单败淘汰制。也可以采用单循环制，或循环、淘汰混合制。

预赛：以 2 的乘方数分小组，采取单循环制比赛。

决赛：人数必须是 2 的乘方数，可设种子选手，其他选手抽签定位。

推圈比赛：在个人淘汰赛中采用。在一届比赛中一名运动员不允许以三次推圈方式晋级（冠亚军比赛除外）。

团体赛：

团体比赛采用 3 人轮赛制或点将制（不得少于 5 人，均为奇数）。

三人轮赛制：

每队每场任选 3 名运动员出场比赛。每场比赛前，双方队长抽签决定主、客队。主队运动员的位置为 A、B、C，客队运动员的位置为 X、Y、Z。运动员的位置由各队自行确定并填写位次表，位次表交裁判员后，不得更改，运动员比赛顺序为 A 位（1、5、9），B 位（2、4、7），C 位（3、6、8），X 位（1、4、8），Y 位（2、6、9），Z 位（3、5、7）。在一场比赛中双方均不得更换队员（出现受伤队员时除外）。

点将制：

在一场比赛中，采用 5 人制、7 人制或 9 人制，由竞赛规程具体规定。每场比赛前，双方队长抽签决定主、客队，第一局比赛，主队先点一名队员出场，然后在 1 分钟内客队必须点一名队员出场比赛。第二局客队从未出场队员中点一名队员出场，主队必须在 1 分钟内从未出场队员中点一名队员出场比赛，以后各队出场顺序依次类推，直至比赛终了。

蒙古族摔跤

表演赛、安慰赛：

编排方法与个人赛决赛编排方法相同，但不设种子队员。

比赛时间

个人赛：预赛每场比赛时间 9 分钟。决赛每场比赛时间 15 分钟。

决胜局时间 5 分钟。推圈比赛时间 5 分钟，冠亚军决赛推圈时间 15 分钟。

团体赛：比赛时间 15 分钟决胜局时间 10 分钟。

犯规及罚则

犯规

1. 侵人犯规

用非技术性动作踢对方任何部位者。

使用反关节动作者。

按压、推对方面部、咽喉及揪、抓对方头发者。

有意伤害对方者。

比赛中女子运动员揪、抓和推压对方胸部者。

2. 技术犯规

用手或臂触及对方髋关节以下任何部位者，腿脚触及对方髋关节以上任何部位者。

比赛中未经裁判员许可自行停止比赛者。

违反比赛着装规定者。

比赛中说话、挑逗和侮辱对方者。

比赛中，随队人员（包括教练员）未经裁判员允许进入场地或进场指导者。

不服从大会比赛中的规定，不服从最终裁决者。

在三人轮赛制中位次表确定后，更换选手和出场顺序错误者。

延误出场比赛时间者。

胜负与名次

基本标准：比赛均不分体重级别，一跤定胜负。在比赛中，先倒地或膝关节以上任何部位先着地者为负（点到为止）。在决胜场地内比赛时被摔倒、触击圈线或被推出圈线外者为负。比赛中一方运动员因身体原因或受伤不能继续参加比赛时，判对方胜。

比赛中，因一方犯规致使对方受伤不能继续比赛时，判受伤者胜。个人赛的决赛中如双方同时倒地为"罕"，在规定时间内继续比赛。个人淘汰赛中，一名运动员在一届比赛中如第三次以推圈方式晋级，则判其负。如双方均为第三次，则均被淘汰。

如果是团体赛，每场比赛，依据 5 局 3 胜制、7 局 4 胜制或 9 局 5 胜制。如局数赛完积分不到最高分时，得分多者获胜。优胜场：在 5 局的比赛中 3：0 为优胜场，7 局的比赛中 4：0 为优胜场，9 局的比赛中 5：0 为优胜场。

全场比赛局数赛完，如两队得分相等，增设决胜局，决胜局双方任选一名队员出场比赛，如仍不分胜负，再增设一局，直到一方得分为止。

得分标准

得 2 分

个人预赛中的胜者。团体循环赛中的胜队。

得 1 分

在团体赛中一局比赛的胜者。个人预赛中的平跤者。团体循环赛中的负队。

得 0 分

团体赛中一局比赛的负者和个人预赛中的负者。在团体赛一局比赛中规定时间内未决出胜负者。团体循环赛中弃权队和个人预赛中的弃权者。

评定名次

个人赛：

预赛：以小组循环赛中的得分总和评定名次，得分多者名次列前，如两人得分相等，两人间比赛的胜者列前。如 3 人或 3 人以上得分相等，在 5 分、4 分、3 分、2 分、1 分钟内摔倒人数多少决定，最短时间内人数多者列前。

决赛中排列个人前 4 名或 8 名方法：进入前 4 名被冠军淘汰者列第 3 名，被第 2 名淘汰者列第 4 名，进入前 8 名被冠军淘汰者列第 5 名，被第 2 名淘汰者列第 6 名，被第 3 名淘汰者列第 7 名，被第 4 名淘汰者列第 8 名。

团体赛：

采用单循环制比赛时，以积分多少确定名次，积分多者名次列前，如两队积分相等，以两队间比赛胜负评定，胜者列前。如遇 3 队或 3 队以上积分相等时，以优胜场数评定，优胜场多者列前；如仍相等，以有关队之间比赛的净胜分多少评定，净胜分多者列前；再相等则以无平局或平局数少者列前。

表演赛、安慰赛的名次确定与个人赛决赛确定名次办法相同。

朝鲜族摔跤

摔跤是朝鲜族男子十分喜爱和普及的一项民间游戏。摔跤，也称撩跤、扭跤，过去曾叫角力、角抵，朝鲜语称"西鲁姻"。关于记载摔跤的古文献很多。高句丽时的古坟"角抵塚"中有摔跤场面的壁画。

朝鲜族摔跤

早在高句丽时，摔跤已在男子中十分盛行。后来逐渐发展成为深受喜爱的体育活动。每逢端午、秋夕和农闲时就少不了摔跤比赛。一场比赛摔三跤，胜两跤者为胜利，摔倒对方一跤后裁判员给胜方头上系一根带子，以表示取胜一次。人们常选一头肥壮的黄牛作为奖品奖给优胜者，比赛结束时获胜者牵着黄牛在锣鼓声中绕场一周。

竞赛规则

场地与规格

比赛场地：

场地为平坦细沙质场地或由摔跤垫铺成。

比赛场地分内场和外场两部分，内场为比赛区，外场为保护区。两区之间以 5 厘米宽的标线区分，线宽包括在比赛场区内。

比赛区呈圆形，直径 8 米，沙层高度为 30～70 厘米。保护区宽 1.5 米，比赛区与保护区沙层高度之差为 10～20 厘米。室内场地的保护区至少为 1 米。

比赛服装

运动员在比赛前 10 分钟参加检录。比赛中运动员不得擅自离开比赛场地，特殊情况需经裁判员许可。参加比赛时，上身赤膊，下身穿紧身运动短裤（不得遮盖膝关节），赤脚。

摔跤带为蓝、红两种颜色的棉布带，长 3.20 米。摔跤带的颜色分别代表比赛双方。摔跤带为一带两用，既用于做腿带，也用于腰带。以周长 120 厘米左右的摔跤带（按每人的大腿粗细不同随时可调整）缠在右侧大腿后打个结做腿带。打结时，大腿和腿带之间应留有四指宽的间隙。另余有 200 厘米左右长的摔跤带做腰带，腰带围在腰际一圈，然后与腿带拴在一起。除规定服装外，不得穿戴其他服饰及伤害运动员的物品。

比赛制度

1. 比赛采用循环制或淘汰制。

2. 年龄不受限制。

体重分 5 个级别：52 公斤级，62 公斤级，74 公斤级，87 公斤级，87 公斤级以上级。

3. 称量体重

全部比赛过程只称量一次体重，开赛前一天称量，称量体重工作应在本级别体重称量开始一小时内完成，体重称量单位取小数点后两位。

由裁判长 1 人、裁判员 2 人，记录员 1 人和医生 1 人组成称量体重组，进行称量体重工作。保存原始称量记录，不得涂改。

运动员称量体重时，必须持有效证件，经称量体重组核对资格后，方可进行称量。称量体重时，只可穿一条短裤。

先由体重轻的级别开始称量，每人称量一次。如称量后运动员体重超过原属级别，并在规定称量时间内不能达到原属级别，则取消该级别比赛资格。

比赛礼节

比赛开始前双方运动员站在场地两侧，等候入场，在裁判员手势引导下进入比赛场地，双方运动员相互行礼致意，再转向主席台行礼。比赛结束后，双方运动员站在主裁判员两侧，在裁判员宣布比赛结果后，双方运动员行礼致意后退回进场线。

比赛时间

每场比赛采用3局2胜制，每局时间2分钟（净时间）。每局中间休息30秒钟，比赛中胜一跤即为该局比赛结束。如运动员需连续比赛，场与场之间至少有10分钟休息时间。一名运动员在一个比赛单元中最多参加3场比赛。

每局或每场比赛结束和开始均由主裁判员鸣哨。每局比赛如达到比赛时间，由计时员鸣锣结束该局。在比赛进行中，主裁判员发出停止口令时，双方运动员应立即停止比赛。

比赛方法

比赛开始前，裁判员发出"预备"口令后，双方运动员面对面双膝跪地，各自用右手抓住对方的腰带，左手自下向上穿过对方的腿带反握（手心向外），抓住对方的腿带，相互抵住对方的右肩。

在双方运动员各自抓好摔跤带后，主裁判员向记录台举手示意，在得到准备就绪的回复后裁判员发出"起"的口令，运动员慢慢地起来，保持抓带、抵肩姿势站立不动，等候裁判员鸣哨开始比赛。

当主裁判员鸣哨宣布比赛开始时，双方用力（也可脱带）并通过内勾、外勾和箍脖和抱腿等技术，将对方摔倒。比赛过程中，双方肢体分开，没有接触，比赛重新开始。

比赛过程中，听到裁判员中止比赛口令后，须立即中止比赛，再重新开始。凡重新开始比赛，只需站立抓握继续比赛。

每局比赛结束后，非经裁判员同意，运动员不得擅自离开比赛场地。比赛终场结束，裁判员宣布终场获胜者后，双方运动员相互握手致意，方可退场。

犯规与罚则

进攻有效与无效

1. 进攻有效

在比赛区内使用的动作，将对手摔倒在保护区；在比赛区内将对手摔倒后，自己踏入保护区；对方倒地与进攻方踏入保护区同时发生；动作结束与口令或锣声同时发生。

2. 进攻无效

踩对方脚；将对手摔倒前，自己踏入或摔入保护区；场上裁判员叫停后；锣声响时，开始的动作；锣声和口令之间完成的动作。

3. 比赛中，运动员不积极进攻，拖延比赛时间持续达到 15 秒。

犯规

1. 侵人犯规

比赛中扭对方的颈部或手臂。

将对方摔倒后故意以身体压砸对方。

故意用肘部、膝部或脚攻击对方。

故意用拳和头击打对方。

2. 技术犯规

比赛进行中故意干扰比赛，以言行侮辱伤害对方或裁判员。

比赛进行中自行停止比赛者。

比赛中由于处于不利情况而要求暂停者。

在裁判员发出比赛开始信号前做动作。

比赛中，有意将对方运动员推出比赛场地。

故意摔假跤。

罚 则

凡运动员比赛中构成侵人犯规或技术犯规之一者，根据情节轻重给予劝告、警告，直至取消该场或全部比赛资格。

比赛进行中，运动员或教练员指责裁判员，根据情节轻重给予该运动员劝告、警告和取消该场或全部比赛资格。对教练员给予劝告、警告和取消该场或全部比赛教练员资格。

比赛中一方犯规，如果对犯规运动员有利，应立即停止比赛；如果对犯规运动员不利，则比赛继续进行，等该进攻动作结束后再停止比赛。根据情节轻重给予劝告、警告，直至取消该场或全部比赛资格。

如运动员不积极进攻，拖延比赛时间持续达 15 秒（拖延比赛 10 秒时，裁判员给予提示），第一次给予劝告，劝告在整场比赛中只有一次。再消极则给予警告。

一场比赛中，不论消极、侵人犯规和技术犯规，一方受到 3 次警告时，取消该运动员该场比赛资格。

胜负及名次

胜负判定：

在比赛中一方膝（含膝）以上的身体任一部位触地即为负，对方即一局胜利。比赛中双方运动员同时倒地分不出上下或先后则判平跤，互不得分。重新比赛。2 分钟仍为胜负，判为平局。一场比赛中胜 2 局者为胜。出现平局时，则以下列方法判定胜负：受劝告、警告少者胜；体重轻者胜。

运动员受伤后的成绩判定：

比赛中，一方运动员因伤病弃权，则判对方获胜。

比赛进行中，因一方故意犯规致使对方受伤而不能继续比赛时，经大会医生确认后，则判受伤者该场获胜。

名次确定：

1. 个人名次（循环制）：

比赛以其胜负场次的积分排列名次，胜1场得2分，负1场或弃权得0分。积分多者名次列前。两人积分相等，则两人在比赛中的胜负确定名次，胜者名次列前。

两人以上积分相等而又循环互胜，则按以下程序确定名次：获2∶0多者名次列前；获2∶1多者名次列前；受罚次数少者名次列前；体重轻者名次列前（原始体重）；抛币。

参赛场数不足1/2时，则双方所有成绩全部作废。参赛场数达到1/2时，则成绩有效，根据其成绩确定名次，其余未赛场次，均按弃权处理，判对方获胜一场。

朝鲜族勇士们在搏斗

2. 团体名次

按各单位运动员在各级别比赛中被录取名次得分总和确定名次，得分多者名次列前。如遇两个或两个以上的团体得分相等，则判第一名多者名次列前，如再相等，则判获第二名多者名次列前，依次类推。

获名次人数多者名次列前。参赛人数少者名次列前。名次并列。

弃权

点名后超过3分钟，不能上场比赛者，按全部弃权论，成绩作废。

运动员因伤病而不能参加比赛或要求重新参加比赛，须经大会医生证明，因伤病而不能参加比赛，则判该运动员该场比赛弃权。

比赛进行中，一方因受伤不能继续比赛时，裁判员可暂停比赛，但因运动员受伤治疗而超过2分钟时仍不能继续比赛，则判受伤运动员弃权。

比赛中，一方运动员放弃比赛，擅自离开比赛场地，判定其弃权。

裁判员手势及口令

1. 主裁判员手势

运动员入场：两臂侧平举，掌心向上，屈肘90度，掌心相对静止不动，示意运动员入场。

运动员相互行礼致意：两臂屈肘90度，掌心相对，向内合至胸前，手指相对，掌心向下。同时发出"运动员行礼"的口令。

运动员向主席台行礼致意：两臂向前平举，掌心向下，同时发出"向主席台行礼"的口令。

比赛中的暂停：一臂（左或右臂）向前伸直指向运动员（拇指在上，五指并拢），同时发出"停"的口令。

胜一局：一臂平举，指向胜一跤运动员（拇指在上），而后屈肘，前臂上举，宣布蓝方或红方胜一局。

平跤：两臂体前交叉摆动，手心向内。

征求判罚消极意见：一臂侧平举，五指并拢，反复屈肘摆动，掌心向上表示红色腰带者消极，掌心向下表示蓝色腰带者消极。

劝告：一臂屈肘侧上举，五指并拢，靠近受劝告的运动员。

警告：一臂屈肘侧上举握拳，靠近受警告的运动员。

全场终了，判定胜负，面向记录台，掌心向上，手臂侧举过肩，指向运动员。

2. 副裁判员手势

得分：对比赛中运动员的得分情况用相应颜色示分牌表示。

平跤：两手在腹前交叉。

消极：举起与该运动员的腰带相同颜色的牌子。

发现必须暂停的情况时，应举白牌向主裁判员示意。如主裁判员没有看到则起立。

举牌时，一臂前平举，牌子直立。

云南摔跤

云南摔跤是云南地区各族人民喜爱的民间体育运动项目，他们利用农闲、假日、节日开展摔跤活动，遇到"火把节"，到处可以看到不同规模的摔跤活动。一处摔跤八方相聚，从少年到老年，都在积极参与。

竞赛规则

场地及规格

比赛场地：

软土坪草地（可采用中国式或国际式摔跤场地）。比赛场地分为内场和外场，内场为比赛区，外场为保护区，比赛区和保护区之间为消极区，消极区宽 1.0 米，区间以标线划分，线宽 10 厘

云南摔跤

米（标线归内侧区域），比赛区为直径 7 米的圆圈，保护区宽 1.2～1.5米（可用中国式或国际式摔跤场地及其标志）。

比赛服装

运动员在比赛前 10 分钟参加检录。比赛中运动员不得擅自离开比赛场地，特殊情况需经裁判员许可。

运动员参加比赛应穿彝族跤衣，平软底胶鞋。腰带为两根红、蓝颜色的棉布带或绸缎带，长 1.2～1.4 米，腰带分别标志比赛双方队员红方和蓝方。

运动员在上场前，必须卸去随身携带的金属物品，如头帕、耳珠、肩带、佩刀、手饰等，以免妨碍比赛。

比赛性质

个人比赛：以个人在所属级别中比赛所得的成绩确定个人名次。

团体比赛：以每个团体所有被录取名次的运动员的成绩总和确定团

体名次。

比赛制度

1. 比赛采用循环制或淘汰制。

2. 年龄不受限制。

体重分 5 个级别：52 公斤级，62 公斤级，74 公斤级，87 公斤级，87 公斤以上级。

3. 称量体重

全部比赛过程只称量一次体重，开赛前一天称量，称量体重工作应在一个小时内完成。

由裁判长 1 人、裁判员 2 人，记录员 1 人和医生 1 人组成称量体重组，进行称量体重工作。保存原始称量记录，不得涂改。

运动员称量体重时，必须持有效证件，经称量体重组核对资格后，方可进行称量。称量体重时，只可穿一条短裤。

先由体重轻的级别开始称量，每人称量一次。如称量后运动员体超过原属级别，并在规定称量时间内不能达到原属级别，则取消该级别比赛资格。

比赛礼节

双方运动员比赛开始前和结束后，互相握手，并与主裁判员握手致意。

比赛时间

每场比赛为 3 局 2 胜制，每局 3 分钟（净时间），每局中间休息 30 秒钟。如运动员需连续比赛，场与场之间至少有 10 分钟休息时间。

比赛要求

抓带方式：两手从两侧抓对方腰带。比赛过程中，如果一方运动员的手转到对方体前，裁判员提醒运动员把手转到体侧去。出现脱把（抓腰带的手松开）时暂停，待抓好再开始比赛。

技术方法主要表现在力、巧、腰、腿、脚等运用技术上。比赛中，用脚勾、掰、翘、挑对方均为正常动作。

每局比赛，均由主裁判员发令开始。每局或每场比赛结束，均由计时员鸣哨或鸣锣。比赛双方运动员入场后，互致礼节，抓好对方腰带后，裁判员才能发令，比赛开始。在比赛进行中，主裁判员发出停止口令时，双方运动员应立即停止比赛。

比赛中的规定

比赛开始前，以抛币方式决定抓握方式，获选择权方可优先选择第一局右手（或左手）在里，第二局交换抓握方式。如平局则进行第三局，抓握方式抛币决定。

比赛中，双方运动员只许抓着系在对方腰间的腰带，直到把对方摔倒为止。

每局比赛结束后，非经裁判同意，运动员不得擅自离场。到比赛终场结束，裁判宣布终场获胜者后，双方运动员相互握手致意，并同主裁判员握手致敬，方可退场。

犯规、消极与罚则

进攻有效与无效

1. 进攻有效

在比赛区内使用的动作，将对手摔倒在保护区；在比赛区内将对手摔倒后，自己踏入保护区；对方倒地与进攻方踏入保护区同时发生；动作结束与口令或锣声同时发生。

2. 进攻无效

踩对方脚；将对手摔倒前，自己踏入或摔入保护区；主裁判员叫停后；锣声响时，开始的动作；锣声和口令之间完成的动作。

犯规

1. 侵人犯规

以手、肘、膝、头撞击对方或抓对方裆部者。

手脱把抱对方头、颈、腿和抓住对方头发、耳、鼻者。

故意用脚踩着对方的脚进攻者。

用脚踢、弹对方小腿中部以上者。

用膝撞击对方裆部者。

将对方摔倒后，还故意压砸对方者。

使用其他方法故意伤害对方者。

2. 技术犯规

主裁判员发出"开始"的口令前或发出"停"的口令后进攻对方者。

比赛中教练或助手干扰比赛。

比赛中自行停止比赛者。

比赛中由于处于不利情况而要求暂停者。

比赛中双手或单手脱把或抓握其他部位进攻者。

消极

比赛中故意往后退或向前推对方，无进攻意图者。比赛中抓握好对方长时间不使用动作，故意拖延时间者。用头顶住对方，有意拖延时间者。仅使用假动作，无真正进攻意图者。

罚则

凡手脱离腰带或手撑地者，第一次劝告，第二次警告。凡运动员比赛中犯有"侵人犯规"或"技术犯规"之一者，根据情节轻重，分别给予劝告、警告，取消该场或全部比赛资格。

比赛进行中，运动员或教练员指责裁判员，根据情节轻重给予该运动员劝告、警告，取消该场或全部比赛资格。

比赛中一方犯规，如果对犯规运动员有利，应立即停止比赛，酌情处理；如果对犯规运动员不利，则不停止比赛，等该进攻动作结束后再停止比赛，并酌情处理。

故意摔假跤，一经发现，应立即停止比赛，对其队员进行劝告，仍不听者则予以警告，第三次则取消双方运动员该场或全部比赛资格。

运动员不积极进攻，拖延比赛时间持续 30 秒即警告一次，在第一次警告后进行第二、三次警告之前，不再给予劝告。劝告在整场比赛中只给一次。

一场比赛中，不论消极、侵人犯规和技术犯规，一方受到 3 次警告时，取消该场比赛资格。

比赛中，运动员采取消极态度，有意逃避抓握、逃出界外、故意推人出界者，可立即给予劝告或警告。

胜负及名次

得分标准：

将对方摔倒使之膝关节以上（包括膝），肘关节（包括肘）以上部位着地者为负，该局结束，胜方得 1 分。

双方同时倒地时，判平跤，平跤无效，双方不得分。

动员受伤后成绩的判定：

比赛中，一方运动员因伤病弃权，则判对方获胜。比赛进行中，因一方故意犯规致使对方受伤而不能继续比赛时，经大会医生确认后，则判受伤者该场获胜。

评定胜负：

比赛采用3局2胜制。

胜一局得1分，根据得分，确定一场比赛的胜负。

如果前两局出现双方各胜一局或均为平局，则以第三局比赛判定胜负。

当第三局出现平局时，则以下列方法判定胜负：先得分（局）者胜；受警告罚、劝告少者胜；体重轻者胜（原始体重）；抛币。如果前两局为一胜一平时，则不进行第三局的比赛，判胜局者胜。

名次确定：

1. 个人名次（循环制）

比赛以其胜负场次的积分排列名次，胜1场得2分，负1场或弃权得0分。积分多者名次列前。

两人积分相等，则按两人在比赛中的胜负确定名次，胜者名次列前。

两人以上积分相等而又循环互胜，则按以下程序确定名次：获2∶0多者名次列前；获2∶1多者名次列前；受罚次数少者名次列前；整个比赛中获胜时间短者名次列前；体重轻者名次列前（原始体重）；抛币。

参赛场数不足1/2时，则双方所有成绩全部作废。参赛场数达到1/2时，则成绩有效，根据其成绩确定名次，其余未赛场次，均按弃权处理，判对方获胜一场。

2. 团体名次

按各单位运动员在各级别比赛中被录取名次得分总确定名次，得分多者名次列前；如遇两个或两个以上的团体得分相等，则判第一名多者

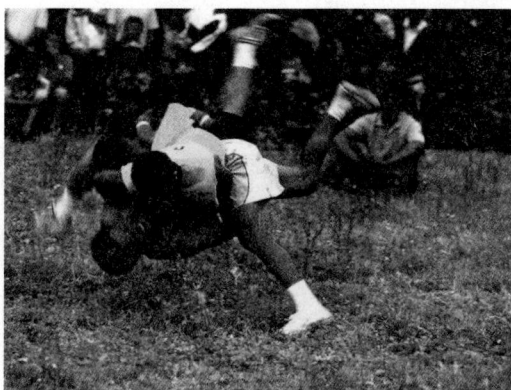

云南彝族激烈的摔跤

名次列前，如再相等，则判获第二名多者名次列前，依此类推；获名次人数多者名次列前；参赛人数少者名次列前；名次并列。

弃权

点名后超过 3 分钟，不能上场比赛者，按全部弃权论，成绩作废。

运动员因伤病而不能参加比赛或要求重新参加比赛，须经大会医生证明，因伤病而不能参加比赛，则判该运动员该场比赛弃权。

比赛进行中，一方因受伤不能继续比赛时，裁判员可暂停比赛，但因运动员受伤而治疗超过 2 分钟时仍不能继续比赛，则判受伤运动员弃权。

维吾尔族摔跤

切里西，也称维吾尔族式摔跤，是维吾尔族历史悠久的体育项目之一。切里西是维吾尔语的音译，含意为"搏击、较量"之意。切里西运动一般是在重大节日期间由群众自发组织开展，同时，它作为民族运动会中的比赛项目出现在重大体育赛事当中。

近年来随着切里西运动在和田的逐步升温，已发展成为一个十分有影响力的体育运动。在和田，从小孩到老人，从男人到女人，大家都喜爱这项运动；在田间地头，在街头巷尾，随处都能够看到群众性、随即性的切里西比赛。切里西成为群众茶余饭后的谈资，成为和田参与性最为广泛的运动项目之一。

维吾尔族摔跤

切里西是维吾尔、哈萨克、柯尔克孜、塔吉克等民族人民共同喜爱的民族体育运动项目，广泛流传于喀什、和田、阿克苏、阿勒泰、塔城、吐鲁番、克州等地，是广大少数民族群众在喜庆日、节日、聚会、郊游时举行的旨在丰富精神生活、锻炼身心的一项运动。

竞赛规则

场地及器材

比赛场地：

正式比赛场地为直径 9 米的圆形场地。比赛场地由 72 块海绵（棕）垫子组成，每块垫子长 2 米，宽 1 米，厚 8～10 厘米，垫子四周可用帆布包裹、用木框或绳子加以固定。比赛场地分为比赛区和保护区两大部分。

垫子上铺一块 14 米见方的帆布盖单或人造革盖单。盖单上画出 7 米直径的圆，为中心比赛区。在中心比赛区外有 1 米宽的红色消极区，在消极区外有 1.2～1.5 米的保护区。

比赛服装

运动员参加比赛应穿维吾尔族跤衣。摔跤鞋应是高靴、软底而且没有金属和后跟。运动员要随身携带一块小手帕。摔跤腰带为红、蓝两色，用长 2 米、宽 0.7 米的棉布折叠而成。

比赛性质

个人比赛：以个人在所属级别内竞赛所得的成绩，确定个人名次。

团体比赛：以每个团体所有被录取名次的运动员的成绩总和，确定团体名次。

比赛制度

1. 比赛采用循环制或淘汰制。

2. 年龄不受限制。

体重分 5 个级别：52 公斤级，62 公斤级，74 公斤级，87 公斤级，87 公斤以上级。

3. 全部比赛过程只称量一次体重，开赛前一天称量，称量体重工作应在一小时内完成。由裁判长 1 人、裁判员 2 人，记录员 1 人和医生 1 人组成称量体重组，进行称量体重工作。保存原始称量记录，不得涂改。

4. 运动员称量体重时，必须持有效证件，经称量体重组核对资格后，方可进行称量。称量体重时，只可穿一条短裤。先由体重轻的级别开始称量，每人称量一次。如称量后运动员体重超过原属级别，并在规定称量时间内不能达到原属级别，则取消该级别比赛资格。

比赛礼节

比赛开始前和比赛结束后，双方运动员互相握手，并与主裁判员握手致意。

比赛时间

每场比赛为3局2胜制，每局3分钟（净时间）。每局中间休息30秒钟，比赛中胜一跤即为该局比赛结束。

如运动员需连续比赛，场与场之间至少有10分钟休息时间。在比赛进行中因特殊情况由主裁判员发令暂停比赛时，双方的比分和已用时间，均予保留，以便继续进行该场比赛。

比赛要求

双方运动员必须抓好对方腰带，裁判员发令后，比赛即开始，在比赛中，运动员双手均不得离开对方的腰带去抓握对方的其他部位。

每局比赛，均由主裁判员发令开始。每局或每场比赛结束，均由计时员鸣哨或鸣锣。在比赛进行中，主裁判员发出停止口令时，双方运动员应立即停止比赛。

比赛中的规定

比赛开始前，以抛币方式决定抓握方式，获选择权方可优先选择第一局右手（或左手）在里，第二局交换抓握方式。如平局则进行第三局，抓握方式抛币决定。

全场比赛结束，运动员须待主裁判员宣布该场比赛结果后，方可离场。

进攻有效与无效

1. 进攻有效

在比赛区内使用的动作，将对手摔倒在保护区；在比赛区内将对手摔倒后，自己踏入保护区；对方倒地与进攻方踏入保护区同时发生；动作结束与口令或锣声同时发生。

2. 进攻无效

踩对方脚；将对手摔倒前，自己踏入或摔入保护区；主裁判员叫停后；锣声响时，开始的动作；锣声和口令之间完成的动作。

犯规、消极与罚则

犯规

1. 侵人犯规

用手、肘、膝、头击对方或抓对方生殖器者。

踩着对方的脚进攻、用脚尖踢对方或用脚蹬、踹对方者。

用脚踢、弹对方小腿中部以上者。

2. 技术犯规

主裁判员发出"开始"的口令前或发出"停"的口令后，进攻对方者。

比赛进行中，教练员或助手干扰比赛。

比赛进行中，自行停止比赛者。比赛进行中，由于处于不利情况而要求暂停者。

比赛中双手或单手离开腰带抓握其他部位者及手撑地者。

消极

赛中故意往后退或向前推对方，无进攻意图者。比赛中抓住对方，但不使用方法，故意拖延时间者。用头顶住对方，有意拖延比赛时间者。仅使用假进攻动作，无真正进攻意图者。

罚则

凡手脱离腰带或手撑地者，第一次劝告，第二次警告。凡犯有"侵人犯规"或"技术犯规"之一者，根据情节轻重，分别给予劝告、警告，取消该场或全部比赛资格的处罚。

比赛进行中，运动员或教练员指责裁判员，根据情节轻重给予该运动员劝告、警告，取消该场或全部比赛资格。比赛中一方犯规，如果对犯规运动员有利时，应立即停止比赛，酌情处理，如果对犯规运动员不利，则不停止比赛，等该进攻动作结束后再停止比赛，并酌情处理。

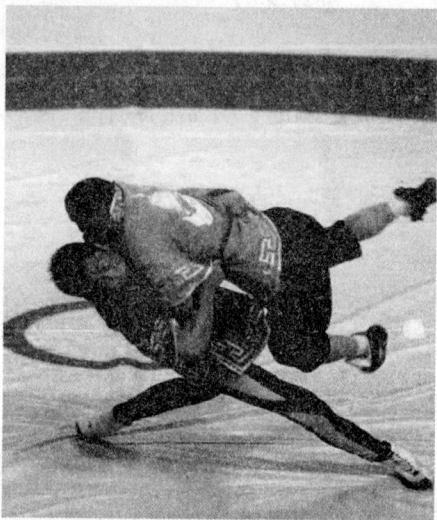

维吾尔族式摔跤

故意摔假跤，一经发现，应立即停止比赛，对其队员进行劝告，仍不听者则予以警告，第三次则取消双方运动员该场或全部比赛资格。

运动员不积极进攻，拖延比赛时间持续 30 秒即警告一次，在第一次警告后进行第二、三次警告之前，不再给予劝告。劝告在整场比赛中只给一次。

一场比赛中，不论消极、侵人犯规和技术犯规，一方受到 3 次警告时，取消该场比赛资格。比赛中，运动员采取消极态度，有意逃避抓握、逃出界外、故意推人出界者，可立即给予劝告或警告。

胜负及名次

得分标准：

1. 得分

在比赛中，将对方摔倒，使对方肩、背或体侧着地则胜一跤，即一局胜利（注：进攻者头、肘、膝着地，进攻有效，反攻者亦同）。

2. 不得分

比赛中如一方把对方摔至膝盖着地或用手撑地，则不予判分，比赛继续进行。

3. 互不得分

比赛中，双方运动员同时倒地，分不出先后时，则判无效。

4. 比赛中，一方运动员因伤病弃权，则判对方获胜；比赛进行中，因一方故意犯规致使对方受伤而不能继续比赛时，经大会医生确认后，则判受伤者该场获胜。

评定胜负：

比赛采用 3 局 2 胜制。胜一局得 1 分，根据得分，确定一场比赛的胜负。

如果前两局出现双方各胜一局或均为平局，则以第三局比赛判定胜负。

当第三局出现平局时，则以下列方法判定胜负：先得分（局）者胜；受警告、劝告少者胜；体重轻者胜（原始体重）；抛币。如果前两局为一胜一平时，则不进行第三局的比赛，判胜局者胜。

名次确定

个人名次（循环制）：

比赛以其胜负场次的积分排列名次，胜 1 场得 2 分，负 1 场或弃权得 0 分。积分多者名次列前。两人积分相等，则按两人在比赛中的胜负确定名次，胜者名次列前；两人以上积分相等而又循环互胜、则按以下程序确定名次：获 2∶0 多者名次列前；获 2∶1 多者名次列前；受罚次数少者名次列前；整个比赛中获胜时间短者名次列前；体重轻者名次列前（原始体重）；抛币；

参赛场数不足 1/2 时，则双方所有成绩全部作废。参赛场数达到 1/2 时，则成绩有效，根据其成绩确定名次，其余未赛场次，均按弃权处理，判对方获胜一场。

团体名次：

按各单位运动员在各级别比赛中被录取名次得分总和确定名次，得分多者名次列前；如遇两个或两个以上的团体得分相等，则判第一名多者名次列前，如再相等，则判获第二名多者名次列前，依次类推；

如再相等，获名次人数多者名次列前；如再相等，参赛人数少者名次列前；如再相等，则名次并列。

弃权

超过检录时间 3 分钟，不能上场比赛者，按全部弃权论，成绩作废。

运动员因伤病而不能参加比赛或要求重新参加比赛，须经大会医生证明，因伤病而不能参加比赛，则判该运动员该场比赛弃权。

比赛进行中，一方因受伤不能继续比赛时，裁判员可暂停比赛，但因运动员受伤治疗而超过 2 分钟时仍不能继续比赛，则判受伤运动员弃权。

藏式摔跤

藏式摔跤，藏语称为"北嘎"、"加哲"或"有日"，康定藏族人叫"写泽"，白马藏族人称其为"卡惹则"。早在原始社会时期摔跤的雏形就已出现。在冷兵器时代到来之前，藏族先民在与自然界、与敌对部落的争斗中，贴身肉搏成了最主要的对战形式。这种贴身肉搏战就是摔跤的雏形。

藏族式摔跤

据考古挖掘发现，雅砻河谷在石器时代就出现了原始的摔跤遗迹。有学者研究认为，流传于广大藏族地区，系统反映公元7世纪以前的古代藏族社会的英雄史诗《格萨尔》就有摔跤的传说。《岭·格萨尔王传》中也有藏族人摔跤的记载。

在松赞干布时期，摔跤等体育活动被列为军队的训练和作战的主要方式之一。《西藏志·兵志》就记载了"习武"、"跌扑"等内容。古代军队在训练中，用摔跤锻炼战士的力量意志和对战技巧。战士间也经常进行比试，看谁是更勇猛聪明的军中能士。如果说古代战场上的"北嘎"是以生死为代价的战争，那吐蕃军队中士兵的切磋就该是最早的、接近体育精神的"北嘎"比赛了。

竞赛规则

场地及规格

比赛场地：

平坦、松软的草地或摔跤垫。

场地规格：

比赛采用方形或圆形场地均可，方形场地为边长 14 米的正方形，圆形场地半径为 7 米。比赛场地外有 1 米宽的消极区。消极区外为宽 1.2～1.5 米的保护区，场地各线宽均为 10 厘米。

比赛服装

运动员参加比赛应穿藏族跤衣。按规定系好腰带（红或蓝），穿着紧固踝关节的摔跤鞋。除规定服装外不得穿戴其它服饰及伤害运动员的其它物品。

比赛性质

个人比赛：以个人在所属级别内竞赛所得的成绩，确定个人名次。

团体比赛：以每个团体所有被录取名次运动员的成绩总和，确定团体名次。

比赛制度

1. 比赛采用循环制或淘汰制。

2. 年龄不受限制。

3. 体重分 5 个级别：52 公斤级，62 公斤级，74 公斤级，87 公斤级，87 公斤以上级。

4. 全部比赛过程只称量一次体重，开赛前一天称量，称量体重工作应在一小时内完成。由裁判长 1 人、裁判员 2 人，记录员 1 人和医生 1 人组成称量体重组，进行称量体重工作。保存原始称量记录，不得涂改。

运动员称量体重时，必须持有效证件，经称量体重组核对资格后，方可进行称量。称量体重时，只可穿一条短裤。先由体重轻的级别开始称量，每人称量一次。如称量后运动员体重超过原属级别，并在规定称量时间内不能达到原属级别，则取消该级别比赛资格。

比赛礼节

比赛开始前和比赛结束后双方运动员互相握手，并与主裁判员握手致意。

比赛时间

每场比赛为3局2胜制，每局3分钟（净时间）。每局中间休息30秒钟，比赛中胜一跤即为该局比赛结束。如运动员需连续比赛，场与场之间至少有10分钟休息时间。

比赛要求

激动人心的藏式摔跤

双方运动员必须抓好对方腰带，即双方双手在对方体侧或背后抓握。

每局比赛均由主裁判员发令开始。每局或每场比赛结束均由计时员鸣哨或鸣锣。在比赛进行中，主裁判员发出停止口令时，双方运动员应立即停止比赛。

比赛中的规定

比赛开始前，以抛币方式决定抓握方式，获选择权方可优先选择第一局右手（或左手）在里，第二局交换抓握方式。如平局则进行第三局，抓握方式以抛币决定。

每局比赛结束后，非经裁判员同意，运动员不得擅自离场。比赛终场结束，裁判员宣布终场获胜者后，双方运动员相互握手致意，并同主裁判员握手致敬，方可退场。

进攻有效与无效

进攻有效：

在比赛区内使用的动作，将对手摔倒在保护区；在比赛区内将对手摔倒后，自己踏入保护区；对方倒地与进攻方踏入保护区同时发生；动作结束与口令或锣声同时发生。

进攻无效：

踩对方脚；将对手摔倒前，自己踏入或摔入保护区；主裁判员叫停后；锣声响时，开始的动作；锣声和口令之间完成的动作。

犯规、消极与罚则

犯规

1. 侵人犯规

使用反关节动作有意伤害对方者。

用手、肘、膝、头、撞击对方或抓对方生殖器者。

踩着对方脚进攻、用脚踢对方或用脚蹬、踹对方者。

2. 技术犯规

双方比赛时不准故意绊脚。

如故意绊脚并将对方摔倒，则判对方胜一局；无意绊脚而将对方摔倒则受警告一次。

比赛进行中出现故意干扰比赛、伤害对方运动员或裁判员的言行。

比赛进行中自行停止比赛者。

比赛进行中由于处于不利情况而要求暂停者。

比赛中单手或双手脱把，手、膝着地。

消极

1. 比赛中故意向后退或向前推对方无进攻意图者。

2. 比赛中抓握好对方，但长时间不使用动作，故意拖延时间者。

3. 仅使用假进攻动作，无真正进攻意图者。

罚则

1. 凡手脱离腰带或手撑地者，第一次劝告，第二次警告。

2. 凡运动员比赛中犯有"侵人犯规"或"技术犯规"之一者，根据情节轻重，分别给予劝告、警告，取消该场或全部比赛资格。

3. 比赛进行中，运动员或教练员指责裁判员，根据情节轻重给予该运动员劝告、警告，取消该场或全部比赛资格。

4. 比赛中一方犯规，如果对犯规运动员有利，应立即停止比赛，酌情处理；如果对犯规运动员不利，则不停止比赛，等该进攻动作结束后再停止比赛，并酌情处理。

5. 故意摔假跤，一经发现，应立即停止比赛，对其队员进行劝告，仍不听者则予以警告，第三次则取消双方运动员该场或全部比赛资格。

6. 运动员不积极进攻，拖延比赛时间持续 30 秒即警告一次，在第一次警告后进行第二、三次警告之前，不再给予劝告。劝告在整场比赛中只给一次。

7. 一场比赛中，不论消极、侵人犯规和技术犯规，一方受到 3 次警告时，取消该场比赛资格。

8. 比赛中，运动员采取消极态度，有意逃避抓握、逃出界外、故意推人出界者，可立即给予劝告或警告。

胜负及名次

得分标准：

在比赛中一方头、肩、背、腰、臀、髋、体侧任何一个部位着地即为负，对方即胜一局。胜一局得1分。比赛中双方运动员同时倒地分不出上下、先后则判平跤，互不得分。攻者膝先着地，判进攻无效。

比赛中，一方运动员因伤病弃权，则判对方获胜。

比赛进行中，因一方故意犯规致使对方受伤而不能继续比赛时，经大会医生确认后，则判受伤者该场获胜。

胜负评定：

比赛采用3局2胜制。

根据得分多少，确定一场比赛的胜负。

平局的处理：如果前两局出现双方各胜一局或均为平局，则以第三局比赛判定胜负。

当第三局出现平局时，则以下列方法判定胜负：先得分（局）者胜；受警告、劝告少者胜；体重轻者胜。

抛币。如果前两局为一胜一平时，则不进行第三局的比赛，判胜局者胜。

名次确定

1. 个人名次（循环制）

比赛以其胜负场次的积分排列名次，胜1场得2分，负1场或弃权得0分。

积分多者名次列前。

两人积分相等，则按两人在比赛中的胜负确定名次，胜者名次列前；

两人以上积分相等而又循环互胜，则按以下程序确定名次：获2：0多者名次列前；获2：1多者名次列前；受罚次数少者名次列前；整个比赛中获胜时间短者名次列前；重轻者名次列前（原始体重）；抛币。

参赛场数不足 1/2 时，则双方所有成绩全部作废。参赛场数达到 1/2 时，则成绩有效，根据其成绩确定名次，其余未赛场次，均按弃权处理，判对方获胜一场。

2. 团体名次

按各单位运动员在各级别比赛中被录取名次得分总和确定名次，得分多者名次列前；如遇两个或两个以上的团体得分相等，则判第一名多者名次列前，如再相等，则判获第二名多者名次列前，依此类推；获名次人数多者名次列前；参赛人数少者名次列前；名次并列。

弃权

1. 点名后超过 3 分钟，不能上场比赛者，按全部弃权论，成绩作废。

2. 比赛运动员因伤病而不能参加比赛或要求重新参加比赛，须经大会医生证明，因伤病而不能参加比赛，则判该运动员该场比赛弃权。

3. 比赛进行中，一方因受伤不能继续比赛时，裁判员可暂停比赛，但因运动员受伤治疗而超过 2 分钟时仍不能继续比赛，则判受伤运动员弃权。

PART 10 赛事组织

国际摔跤联合会

国际摔跤联合会，简称国际摔联。1912 年成立，总部设在瑞士洛桑，现有会员协会 142 个，正式工作语言为法语和英语。国际摔联下设裁判、教练、科研、医务、桑勃式摔跤、青少年、传统摔跤、宣传、计划、法律、纪录、文件、纪律和财务 14 个委员会。中国摔跤协会是国际摔跤联合会的会员。

主要职能

国际摔联的职能是鼓励各种流派摔跤运动的发展，支持会员发展摔跤运动，监督会员遵守国际摔联的规程，在国际上代表业余摔跤运动并维护其利益。

国际摔联的最高权力机构是代表大会，每两年召开一届，其任务是：选举常设局；审批国际摔联的章程、规则以及常设局的决议；吸收新会员，确定世界锦标赛、洲锦标赛和国际比赛的地点，批准国际裁判。一个协会会员可派 3 人与会，但仅 1 人有发言和表决权。

代表大会闭会期间，由常设局领导。常设局由主席、6 名副主席、秘书长和 13 名委员组成。国际摔联现任主席是马丁内蒂（Raphael Martinetti），秘书长是杜森（Michel Dusson）。

组织结构

国际摔联设有科学与方法理事会，裁判理事会，医务委员会，女子摔跤委员会，运动会咨询委员会，组织与日程委员会，电视、营销和赞助委员会，宣传、公关和新闻委员会，技术协助委员会，法律与纪律委员会国际业余摔跤联合会会标等专门委员会，处理各领域的专业性问题。此外国际摔联还指定专人负责《摔跤评论》杂志、高级摔跤学校、教育与出版、财政事务、世界杯以及教练事务。

中国摔跤运动协会

中国摔跤运动协会是中国摔跤运动的全国性群众组织，是中华全国体育总会领导下的单项运动协会之一。该会成立于 1953 年，为了开展摔跤运动，增强人民体质，提高运动技术水平，委员会下设教练委员会、裁判委员会，负责举办教练员和裁判员训练班，研究摔跤技术，组织经验交流，考核、审查国家级教练员和裁判员。

中国摔跤运动协会的职能是：宣传、组织群众积极参加摔跤运动，增强体制和提高运动技术水平；协调、组织举办国际性比赛，促进国际交流；组织全国性的各类、各级竞赛和训练工作；拟定教练员、运动员管理制度和竞赛制度，制定运动员、教练员、裁判员的培训工作；选拔和推荐国家队教练员、运动员，组织国家队集训和参加比赛；组织科学研究工作等。中国摔协于 1954 年加入国际摔联，1958 年退出，1979 年恢复会籍。

世界摔跤锦标赛

世界摔跤锦标赛是由国际摔跤联合会主办的一项最高水平的业余摔跤赛事，它包括古典式摔跤和自由式摔跤两种形式，分男子古典式摔跤、男子自由式摔跤和女子自由式摔跤三个项目，每年举行一次，奥运年除外。

第一届男子古典式摔跤世界锦标赛开始于 1904 年，第一届男子自由式摔跤世界锦标赛开始于 1951 年，第一届女子世界摔跤锦标赛开始于 1987 年。

晋级规则

在比赛中将对方摔倒后使其双肩触及垫子者为胜，如在规定的时间内未出现这种情况，则按两个回合中得分的多少判定名次，比赛使用单循环淘汰赛，直至决出冠军。

奥运会摔跤比赛

摔跤是世界最古老的竞技项目之一，公元前776年古代奥运会已有摔跤比赛。摔跤分古典式和自由式，分别在1896年和1904年进入奥运会。2004年，女子摔跤比赛在雅典奥运会上初次登场，王旭为中国代表团夺得了历史上首枚奥运摔跤金牌。

项目设置

男子（14项）

自由式：55公斤级、55～60公斤级、60～66公斤级、66～74公斤级、74～84公斤级、84～96公斤级、96～120公斤级。

古典式：55公斤级、55～60公斤级、60～66公斤级、66～74公斤级、74～84公斤级、84～96公斤级、96～120公斤级。

女子（4项）

自由式：48公斤级、48～55公斤级、55～63公斤级、63～72公斤级

男子266人，女子64人；大洋洲7人（不限男女）；机动名额7人（不限男女）

各奥委会每个级别最多报1人；名额分配给运动员个人。

替补选手：

每一阶段的资格赛结束后，国际摔跤联合会都将把获得参赛名额的选手名单通报给各奥委会。如果选手受伤或状态不佳，在最后报名时，各奥委会有权用另一名选手取代该选手，但仅限同一项目。

PART 11 礼仪规范

摔跤比赛是一种精彩激烈的搏击项目。观看摔跤比赛的限制不是很严格，很多时候观众和场上运动员会有互动，这是摔跤运动特殊的魅力。

礼仪要求

（1）为了赛场安全，观众不得妨碍或拒绝配合赛场的安检工作。

（2）在观看比赛时，不要把自己当成是专家，对比赛形势和队员表现指指点点、喋喋不休，影响他人观赛。对运动员和裁判员的表现不满意便乱喊谩骂，这是对运动员和裁判员的不尊重。

（3）加油助威时，要使用文明的语言，同时也要控制自己的情绪，不要一激动就出言不逊。看摔跤比赛时，首先要了解规则，可以通过裁判的手势尽快投入观看比赛。

（4）服装仪容要整洁，不能光膀子。带进场馆的食品包装、纸壳等等，放到指定的垃圾箱，或看完比赛后打包带出场馆，妥善处理。

（5）摔跤比赛都在室内进行，所以场馆内不允许吸烟；手机要关机或设置在振动、静音状态。

（6）有的观众喜欢在看比赛时起身张望或挥大旗，这些行为会影响后面的观众。

（7）在介绍运动员的时候，观众应该给予掌声鼓励。

（8）在升比赛双方的国旗、奏其国歌时，应该庄严肃静，全体起立。

PART 12 明星花絮

日 本

伊调千春

　　伊调千春是日本最优秀的女子摔跤选手之一，曾经在世锦赛上夺得两连冠，并且多次夺得世界级的冠军。她的妹妹是女子63公斤级自由式摔跤选手伊调馨。2000年刚刚出道的她就获得了世界锦标赛50公斤级冠军，2001年她蝉联世锦赛冠军，并夺得亚锦赛冠军，成为双冠王。

　　之后几年中伊调千春也是战绩显赫，囊括了几乎所有她所参加的大赛的冠军。伊调千

伊调千春

春的特点是身体灵活，头脑冷静，虽然力量不大，但技战术运用十分合

理。往往对手的一点疏忽，都能被其抓住，继而取得比赛胜利。在被动的情况下，伊调千春发挥其灵活的特点与对方周旋，往往也能抓住对手破绽从而反败为胜。

2004 年女子摔跤进入奥运会，伊调千春为圆奥运之梦，她令人吃惊地再次将体重降为 48 公斤，开始为进军雅典艰苦训练。虽然改变了参赛级别，但是伊调千春仍然显示出了她在摔跤方面的天赋，奇迹般地在日本本国的预选赛中战胜了拥有"女王"称号的山本美尤。在雅典奥运会测试赛和亚洲锦标赛上也是战无不胜，夺得冠军。

雅典奥运会女子 48 公斤级的争夺中，伊调千春在被普遍看好的情况下，决赛中她在加时赛最终输给了乌克兰选手默林妮屈居亚军。为了实现自己的金牌梦想，伊调千春雅典奥运会后继续加倍苦练，随着经验的不断加强，以及对摔跤比赛完美的领悟，使其在 2004 年后所向披靡，当奥运会再次临近的时候，伊调千春再次被列为头号热门选手。

在北京奥运会女子 48 公斤级摔跤比赛中，伊调千春先后战胜黎笑媚（中国）、克拉丽莎（美国）和默林妮（乌克兰）并闯入决赛。决赛中她面对来自加拿大的黑马选手卡萝儿·黄，伊调千春重演四年前的一幕，最终 1 : 3 负于卡萝儿·黄，再次与金牌失之交臂。

其妹妹伊调馨在 63 公斤级自由式摔跤比赛中夺金，成功卫冕。姐妹俩一喜一忧，但是她们的脸上同样洋溢着甜蜜的笑容，妹妹用自己的努力完成了姐姐未完成的心愿，姐姐虽然自己没有夺冠，可也欣慰妹妹不负自己期望。姐妹俩携手征战国际摔跤比赛，谱写了一段摔跤界的佳话。

伊调馨

她是在姐姐伊调千春的影响下踏上摔跤之路的。如今伊调馨已经和姐姐一样成为世界上最优秀的摔跤运动员。26 岁的伊调千春在北京奥运会上夺得了女子自由式摔跤 48 公斤级银牌。由于伊调馨和吉田沙保里的级别冲突，于是她将自己的级别调整为 63 公斤级。2002 年至今，伊调馨已经获得 19 项国际大赛的 17 个冠军，其中包括世锦赛的五连冠以及 2004 年雅典奥运会金牌！

伊调馨已经成长为女子自由式摔跤 63 公斤级绝对的王者。在 2008 年 8 月 17 日

伊调馨

进行的 2008 年北京奥运会女子自由式摔跤 63 公斤级比赛中，日本摔跤女王伊调馨终于实现梦想，成功卫冕冠军，为日本队再进一金。这是日本队在本届奥运会上夺得的第八枚金牌。在当日的比赛中，伊调馨发挥稳定，进攻防守无懈可击，战无不胜，顺利摘取 63 公斤级金牌。获胜后，伊调馨激动地在赛场中央哭起来，教练也兴奋地把她高高举起，久久沉浸在胜利的喜悦中。身高 1.66 米的伊调馨赛后面对记者时，似乎不是很高兴，她话不多，而且声音低沉。她久久抚摸着胸前的金牌说："在今天的比赛中，从体力和技术上来讲我都没有问题，但情绪不是很好。因为在来北京之前，我和姐姐伊调千春相约双双带着金牌一起回家，但很遗憾姐姐的梦破碎了，在昨天的 48 公斤级比赛中只拿到银牌。我甚至也开始怀疑自己是否有能力夺冠。但姐姐一直鼓励我，给了我很大的力量，使我最终赢得今天的比赛。因此这枚金牌是我们两个人的。"伊调馨和爽朗外向的姐姐风格迥然不同，她很冷静，而且说起话来柔声

细语，她说："对我来讲，金牌不只是一枚奖牌。从雅典奥运会以来，从不放弃的努力、艰苦的训练以及家人的支持都在这枚金牌里，它来之不易。"

吉田沙保里

吉田沙保里，日本历史上最优秀的女子摔跤队员之一，在世界各地比赛上均取得优异成绩，她共获得奥运会冠军、世锦赛冠军、亚锦赛冠军等不计其数。

吉田沙保里出生于日本三重县，三岁开始和父亲学习摔跤，是日本最优秀的女子摔跤选手。在前日本全国冠军父亲吉田荣胜的指导下，吉田沙保里从小就在各项摔跤比赛中崭露头角，她在国际大赛上曾经创造 15 连胜的纪录。

在世界摔跤历史上，恐怕没有第二个人能像吉田沙保里一样，保持 120 场不败的纪录。

从 1998 年她获得第一个世锦赛冠军开始，只要她参加的比赛冠军就不会旁落。唯一的变化是，从 2002 年开始，她从别的级别改到 55 公斤级这个奥运会比赛项目上。

吉田沙保里

据不完全统计，从 1998 年开始，她共获得两届奥运会冠军，11 个世锦赛冠军，6 个亚锦赛冠军，3 个亚运会冠军，5 个世界杯冠军，其他还有世界大运会冠军、世界大学生锦标赛冠军等。

"吉田沙保里是所有对手想要打败的目标。"中国女子摔跤队队员许莉说过。吉田沙保里就是一座高峰，每一个想要创造历史的人都必须翻越她。

俄罗斯

亚历山大·卡列林

在现代奥运会历史上，只有一名选手曾连续三届奥运会夺得男子130公斤古典式摔跤冠军，他就是俄罗斯著名选手亚历山大·卡列林。1988年奥运会在韩国汉城举行，他以5：0战胜保加利亚名将格罗夫斯基夺冠。1992年巴塞罗那和1996年亚特兰大奥运会，卡列林又连续夺得男子130公斤古典式摔跤金牌。此外，在2000年悉尼奥运会前，卡列林还保持着13年不败的战绩，并在世锦赛和欧锦赛中分别夺得9枚和12枚金牌。被称为"世界上最强壮的男人"、"西伯利亚熊"、"永远都不会被击败的人"。

俄罗斯运动员亚历山大·卡列林被誉为本世纪最伟大的古典式摔跤运动员。从1988年至今，这位被称为"西伯利亚熊"的运动员从未输过一场比赛。卡列林是这次"本世纪最佳运动员"评比中仅有的两名现役运动员之一。在刚刚结束的第四十六届欧洲古典式摔跤锦标赛上，卡列林赢得了他连续第十一个欧锦赛冠军。

速战速决是他的一贯作风。在这次欧锦赛上，他在不到3分钟内就战胜了希腊的索菲阿尼蒂斯，夺得桂冠。在1992年西班牙巴塞罗那奥

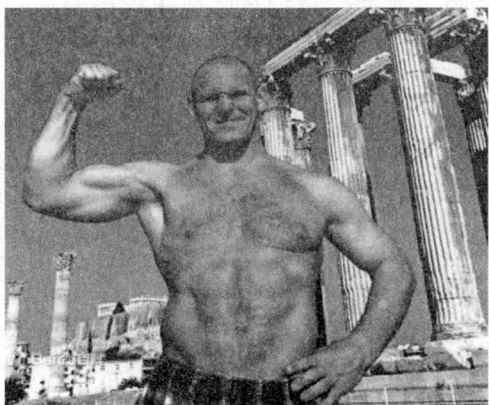

亚历山大·卡列林

运会上，他仅用了 93 秒钟即将决赛对手击败，夺得金牌。

从 1988 年韩国汉城奥运会以来，卡列林战无不胜，以实力证明了自己的无敌。无论状态好坏，这名传奇式的运动员从没有在他参加的 130 公斤级比赛中失过手，而且从来都是以很大的优势击败对手。32 岁的卡列林连续获得了 3 枚奥运会金牌，8 次世界冠军以及欧洲锦标赛的 11 连胜。

卡列林的成就在古典式摔跤运动中恐怕是永远无法超越的。卡列林的出现对同时代的其他古典式摔跤选手来说是极其不幸的事。

1988 年，在汉城奥运会上，卡列林还是苏联的运动员。到了 1992 年的巴塞罗那奥运会，苏联已经解体了，他变成了独联体运动员。四年后的亚特兰大奥运会上，在开幕式上，卡列林手中高举的又是俄罗斯国旗。连续三届奥运会，这个一米九三的强壮男人都挂着金牌回家。

在悉尼奥运会上，刚满三十三岁的卡列林本想第四次摘金。但在决赛上，这位九次世界冠军得主，根本无法像他惯常的那样，把对手一把摺在地上直接得分，只好加时再赛三分钟。离终场还有五秒钟时，他听天由命地摇了摇头。

比他小四岁的加德纳得胜后挥舞着美国星条旗。他的教练说，这是"美国摔跤伟大的一天"。

卡列林人高马大是天生的。据说，他一出世就有十三斤六两重。后天的努力更成就了他的卓越"战功"。训练时，他总是几个小时不停地在湖里划赛艇，或在积雪覆盖的山坡上奔跑。他说自己在摔跤垫外品尝到的乐趣，远远多过在垫子上得到的。

这位赛场上的"超级动物"，还酷爱英美文学。从俄罗斯体育学院毕业后，他曾进入一所法律大学深造。此外，卡列林还在 1999 年当选俄罗斯国家杜马议员。在生活中，卡列林热衷于做饭，尤其是做鱼。他认为，家庭应是一个人的理想之地，因为在家里能够全身放松，面对自我。

别罗格拉佐夫兄弟

在世界跤坛，现在分别担任俄罗斯青年男子摔跤队和青年女子摔跤队主教练的别罗格拉佐夫兄弟俩可谓赫赫有名。两人不仅都曾获得过奥运冠军，现在更是担负着向俄罗斯国家摔跤队输送后备人才的重任。

当年别罗格拉佐夫兄弟到俱乐部报名参加摔跤训练时，着实被一同前来报名的其他选手嘲笑一番，因为兄弟俩的身材实在瘦小，在别人的眼里根本就不是练摔跤的料。然而，现在已是俄罗斯功勋教练的塔罗宾却慧眼识珠，接受了他们的报名。也正是从那一刻起，兄弟俩步上了摔跤运动的传奇之路。

1972 年，年仅 17 岁的谢尔盖·别罗格拉佐夫在全国比赛中获得冠军，而哥哥安纳托利获得第六名；一年后，在全国比赛中，哥哥登顶冠军宝座，弟弟屈居亚军；1973 年，刚满 18 岁的兄弟俩又参加全国锦标赛成年组的角逐，结果谢尔盖一鸣惊人，战胜奥运冠军，最终获得第一名，哥哥则夺得亚军；1974 年，在全国比赛中，兄弟俩分获 48 公斤级和 55 公斤级比赛的冠军；1979 年，别罗格拉佐夫兄弟首次参加世界锦标赛，谢尔盖不负众望，在 57 公斤级的比赛中为国家队赢得一枚银牌；1980 年，兄弟俩代表国家队参加莫斯科奥运会，结果分获 52 公斤级和

57 公斤级比赛的冠军；1984 年，哥哥安纳托利因伤退役，开始执掌教鞭，而弟弟谢尔盖则宝刀不老，在之后的各种大型国际比赛中接连夺冠，曾多次夺得欧洲锦标赛冠军，并 6 次蝉联世界冠军；在 1988 年汉城奥运会上，谢尔盖再次荣登冠军宝座。

塞蒂耶夫

俄罗斯名将，是男子自由式摔跤 74/76 公斤级的霸主，他在 1994 年首次代表俄罗斯出征世界大赛，次年就摘得世锦赛金牌，10 年来战果辉煌，共获得过 6 次世锦赛冠军和 2 次奥运会金牌（1996 年和 2004 年），并曾两度获得世界年度最佳摔跤运动员的称号。

在 2008 年北京奥运会男子自由式摔跤 74 公斤级决赛上，布维

塞蒂耶夫

萨-塞蒂耶夫为俄罗斯再夺一枚金牌，银牌由哈萨克斯坦选手简纳蒂-拉里耶夫获得。铜牌得主是古巴选手艾文-方德拉-扎尔迪瓦。

卡·加特萨洛夫

俄罗斯名将，发挥稳定，已有雅典奥运会金牌和三夺世锦赛冠军的辉煌战绩。他是男子自由式摔跤 96 公斤级雅典奥运会冠军，连续三届世锦赛金牌得主。

加特萨洛夫很早成名，2004 年之前就已经成长为该级别的绝对王者。雅典奥运会加特萨洛夫一路过关斩将，在决赛中以 4 - 1 战胜乌兹别克斯坦选手伊巴拉吉莫夫。2005
年加特萨洛夫延续强势，在世锦赛
上战胜格鲁吉亚的库特塔尼德兹，
首度问鼎世界冠军。2006 年加特萨
洛夫卷土重来，再度杀进决赛面对
另外一位格鲁吉亚选手格格谢利德
兹，实现两连冠。2007 年世锦赛，
加特萨洛夫的统治力依旧，在冠军
争夺战中拿下伊朗名将阿里尔扎拉
希米，拿下 96 公斤级的三连冠，实
力之强大令人胆寒。

很显然加特萨洛夫在这级别上

卡·加特萨洛夫夺冠后

具有超一流的实力，他的绝对力量异常突出，爆发力无人可及，尽管年
轻但比赛经验十分丰富，赢得奥运会和三届世锦赛冠军荣誉。

瑞　典

米歇尔·永贝里

2004 年 11 月 18 日清晨，所有瑞典媒体的网站都被蒙上了一层淡淡
的哀伤：前摔跤世界冠军米歇尔·永贝里 17 日晚在家乡哥德堡的莫达
尔医院自杀身亡，年仅 34 岁。

作为奥运会、世锦赛和欧锦赛大满贯金牌得主，永贝里是瑞典摔跤

运动史上的一面旗帜，他在悉尼奥运会上为瑞典夺得了 48 年来的首枚奥运摔跤金牌。瑞典摔跤协会主席托尼·斯蒂格松 18 日无比沉痛地对新闻界说："这是一个巨大的悲剧，是摔跤运动的巨大损失！"

永贝里

永贝里夺得奥运金牌后，曾在现场被瑞典国王激动地拥抱，随后在他家乡哥德堡被评为"年度人物"，一时风光无限。但永贝里父亲扬·永贝里在接受《晚报》采访时说："他尽管风光一时，但个性却是个极为敏感的人。"他的好友说，永贝里退役后，一度对未来非常迷茫。他在当地一家俱乐部工作，因不得志慢慢患上了抑郁症。两年前，永贝里母亲因脑溢血去世，加重了永贝里的忧伤。无独有偶，之后一本全球发行的名为《完全奥运》的书揭露他在 1994 年比赛中服用了兴奋剂。尽管后来被证实这一指证是错误的，但对永贝里的心理也造成了很多不利影响。

之后永贝里的生活渐渐好转。雅典奥运会他被请出当嘉宾评论，他还和女朋友订了婚。尽管如此，14 日下午永贝里还是因为抑郁症被送进医院。15 日，他等待多年的一个机会终于来了：他被任命为瑞典摔跤协会的竞技部主任，主抓国家队的训练。但谁也没想到的是，几天后他就在病房里自杀了。

永贝里的不幸去世震动了整个瑞典体育界。《瑞典日报》体育版主编叙尔文著文说："整个瑞典都应该为之哀悼"。

美　国

鲁伦·加德纳

加德纳出生于美国的一个农牧家庭，是九个兄弟姐妹中最小的一个。他从小酷爱摔跤运动。

2000年悉尼奥运会是加德纳的巅峰之作，他战胜了传奇人物亚历山大·拉列林，夺得金牌，一举成为众所周知的"摔跤垫上的奇迹"。2000年绝对是加德纳丰收的一年，他不仅夺得奥运会金牌，而且还获得了业余摔跤手"年度新闻人物"、美国"年度古典式摔跤手"和美联社"年度男运动员"第六名等荣誉。

鲁伦·加德纳

但是在2012年，有"全美最强硬汉"之称的奥运冠军鲁伦·加德纳破产了，这位传奇人物曾先后遭遇过冻掉脚趾、严重车祸甚至飞机坠毁等多次重大打击，他的人生经历俨然就是一部现实版《死神来了》，然而每一次加德纳均有惊无险捡回一条命。不过这回英雄却倒在了金钱脚下，由于负债累累，所以两届奥运奖牌获得者只得申请破产。

说起鲁伦·加德纳的丰功伟业，美国人真是耳熟能详。2000年奥运会摔跤项目他力挫四届奥运会冠军爆冷夺冠之后，加德纳的名字就一直跟奇迹联系在一起。不知道是不是这个奥运冠军头衔消耗了他太多好运，自此之后，这位硬汉的生活便一直多灾多难。

悉尼奥运会之后，他"失踪"了一段时间。原来，加德纳在冬季的一个深夜开车途经山谷，结果车子出了故障，周围杳无人烟，山里夜间温度达到零下 30 度。如果留守原地等待救援无疑是死路一条，于是这位硬汉愣是沿着近乎荒废的公路步行了整整 18 个小时。当然，最后他获救了，代价是他失去了自己的右脚中趾。

如果说这一切只是个开始的话，那么接下来的遭遇显然更令人瞠目结舌。雅典奥运会之前，加德纳驾驶一辆高速行驶的摩托车跟汽车相撞，他在空中翻滚了好几圈落在汽车的机盖上，在这起严重车祸当中，加德纳捡回了一条命。并且在几个月后的奥运会上拿到一枚铜牌。

倒霉的事还没有就此结束，2007 年，加德纳遭遇了平生最大的一次考验，他驾驶小型飞机在犹他州坠毁，当时飞机上还有他的两个兄弟。结果幸运的是，三人都落在一条小河当中，在零下摄氏几度的河里游了一个多小时，还被迫在冰冷的岸上过夜，最后，他们遇到了当地渔民，这才得以顺利回家。

在又一次大难不死之后，加德纳也被冠上"全美硬汉"的称号，他也是美国史上所有奥运冠军当中，经历最离奇的一个。然而，霉运就是不肯远离加德纳，在过了几年平静日子之后，他再度遭遇危机，这次是他破产了！加德纳名下所有财产都被列入拍卖行列，一块阿迪达斯手表值 5 块钱，一个奥索卡小刀只值 2.5 块。跟出生入死比起来，这样的际遇更让加德纳难堪。不知道经历了破产危机之后，那些致命的遭遇会不会远离加德纳，如果是，也算因祸得福了。

除了在摔跤垫上所向披靡外，加德纳还是一个公众娱乐人物，在美国的多个脱口秀节目中都能看到他的身影。遛狗、尾流跳板运动以及雪地摩托是他的业余爱好。

托里·威尔逊

　　托里·威尔逊是当今摔跤界最为著名的女摔跤手，1981 出生在美国。2005 年，威尔逊参加了多次摔跤比赛，获得了优异成绩。被《美国画报》评为 2006 年世界上 99 名最为性感、最为漂亮的女明星之一。她打破了女子摔跤的界限，成为了《花花公子》杂志的裸星。托里·威尔逊还为著名时尚杂志《男人帮》拍摄了性感写真。

　　具有野性美的女运动员并不少见，但能像她那样不羁的绝无仅有。她卷曲的金发半遮她的绝世容颜，眸子像寒星一样透射着每一个男人的欲望深处，这样的诱惑究竟有多少人能抵挡？——美国一杂志这样评价托里·威尔逊。

　　她接近古铜的健康肤色，不拘一格的穿着，无处不散发着一个女子的野性美。身处冷门的摔跤运动，运动员们搏得观众视线的机会

托里·威尔逊

极少。托里·威尔逊的聪明之处在于知道如何炒作自己，所以她的传闻不断，但真正奠定她扬名立万的基础的却是与道格拉斯、基德曼等好莱坞大牌明星的合作。

韩 国

沈权虎

　　古典式摔跤运动员沈权虎是韩国唯一在奥运会上夺取两枚金牌的运动员。1993 年世界摔跤锦标赛中，他参加 48 公斤级比赛获得铜牌。1995 年世界锦标赛中，沈权虎夺取 48 公斤级冠军。1996 年美国亚特兰大夏季奥运会比赛中，他以 4：0 的比分击败白俄罗斯帕夫洛夫夺取金牌。这届奥运会后，他开始参加 54 公斤级比赛，在 2000 年澳大利亚悉尼夏季奥运会的开幕式

沈权虎

上，韩国和朝鲜运动员在一个旗帜下组队进场。在摔跤比赛半决赛中，沈权虎以 10：0 击败朝鲜运动员姜永均。在铜牌争夺战之前，沈权虎给姜永均分析了他的铜牌战对手，乌克兰运动员卡拉什尼科夫的特点，并向他提出自己的建议；而姜永均也向沈权虎分析了自己对申全浩的决赛对手古巴运动员拉萨罗的看法。在随后进行的比赛中，这两名来自鲜半岛的运动员分别击败各自的对手，夺取奥运奖牌。

金贤宇

2012 年伦敦奥运会在 ExCeL 展览中心进行的男子古典式摔跤 66 公斤级决赛争夺中，韩国名将金贤宇表现出色，他直落两局以总分 3∶0 完胜匈牙利选手 T-罗伦克兹，夺取冠军。这是韩国代表团在本届奥运会上获得的第 12 枚金牌，也是韩国摔跤队在伦敦的首金。T-罗伦克兹获得银牌，而格鲁吉亚选手特斯卡达亚和法国选手斯蒂夫-盖诺夺取铜牌。

在之前的比赛中，金贤宇的表现相当不错，其中 1/4 决赛他轻松战胜立陶宛选手文凯蒂斯；而半决赛，金贤宇再接再厉战胜法国选手斯蒂夫-盖诺。决赛中，金贤宇的对手是来自匈牙利的 T-罗伦克兹，T-罗伦克兹在另一场半决赛完胜格鲁吉亚选手特斯卡达亚。从整体实力上分析，两位选手差距并不大，因此临场发挥变得非常重要。

决赛开始后，T-罗伦克兹在首局表现更积极，不过他的进攻效率并不高，反倒被金贤宇抓住机会率先得分。而在丢失首局后，第 2 局 T-罗伦克兹全力进攻，这导致匈牙利人在防守中出现漏洞，金贤宇连得 2 分确立优势。

金贤宇夺冠

最终，金贤宇连胜两局完胜 T-罗伦克兹，夺取男子古典式摔跤 66 公斤级冠军。

夺冠之后，金贤宇显得非常高兴，因为这是韩国摔跤队在伦敦奥运会获得的首枚金牌，金贤宇举着韩国国旗绕场一周接受现场观众的喝彩和欢呼。而在之前进行的两场铜牌争夺战中，格鲁吉亚选手特斯卡达亚战胜德国好手斯塔布勒；法国选手斯蒂夫-盖诺击败古巴选手穆恩斯-赫雷拉。

中 国

李岩岩

在 2006 年摔跤世锦赛首日比赛中，李岩岩最后时刻大逆转击败吉尔吉斯斯坦选手贝加列夫夺得金牌，这也是中国男子摔跤选手第一次获得世界冠军。这枚金牌真是来之不易，这是在经过三局恶战，而且是在决胜局 1∶4 落后的情况下，李岩岩上演了绝地反击，在最后 20 秒反败为胜。赛后李岩岩对突忽其来的冠军第一反应竟然是紧张，承认自己属于超水平发挥。

李岩岩

"我没有想到自己能够成为世界冠军。"李岩岩甚至有点语塞，"我自己是超水平发挥了吧。"直到斩获金牌的那一刻，李岩岩对绝对多数人而言还是一个陌生的名字，这位新科世界冠军不得不介绍起自己："我根本没想到自己会走上练摔跤这条路，练摔跤是一次偶然的机会。

之前我是一个足球运动员，踢了三年足球后有一次和同伴在体校打比赛，结果被一名摔跤队的教练相中了。"谈到改行的动机时，李岩岩说道："当时我想练足球不太可能有出息，而且足球又是集体项目，所以便稀里糊涂开始练习摔跤了。"

盛泽田

他算是跤场上的一颗"不老松"，是中国古典跤手中佼佼者。他个子不高，只有 1.64 米，但身体强健，头脑灵活，比赛经验丰富，巴塞罗那、亚特兰大、悉尼奥运会中均摘得男子 58 公斤级古典式摔跤铜牌。

盛泽田的运动生涯，虽然没有金牌闪耀，但在摔跤这个项目上，他是我国当之无愧的英雄式的人物。盛泽田 1973 年出生于安徽，他个子不高，只有 1 米 64，但是身体强健，动作灵活，比赛经验也非常丰富。

在中国古典式摔跤的历史中有几个里程碑。1989 年，布达佩斯世界青年锦标赛 52 公斤级银牌，是中国选手首次在国际正式比赛中取得优异成绩；1992 年巴塞罗那奥运会 57 公斤级的铜牌，则实现了中国摔跤奥运会奖牌零的突破。而盛泽田正是这两块里程碑的树立者。

盛泽田

1996 年亚特兰大奥运会，盛泽田第二次来到奥运会的赛场，由于裁判的原因他失去了参加决赛的机会，在争夺铜牌的比赛中，盛泽田左

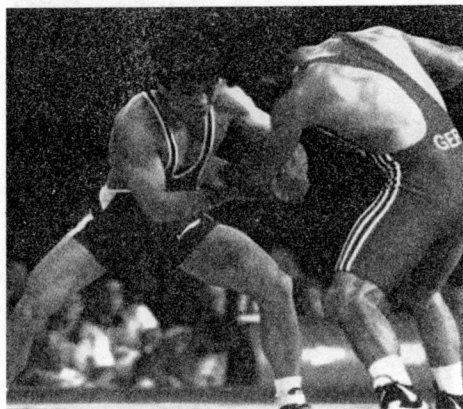

比赛中的盛泽田

腿骨折，但是他竟然凭借超人的毅力坚持到了最后，而且奇迹般的战胜对手，再度获得一枚铜牌。2000年悉尼奥运会，盛泽田成为中国摔跤队的三朝元老，在男子古典式58公斤级比赛中，强手如云，但是盛泽田还是凭借自己出色的技术和丰富的经验再次获得一枚铜牌，在中国摔跤的历史上树立起一座丰碑。

2004年雅典奥运会，因为体重超标1公斤盛泽田无缘自己的第四届奥运会，退役后他转为教练，目前是中国古典式摔跤队教练组组长，盛泽田希望自己的弟子们能完成自己未竟的奥运金牌梦想。

常永祥

常永祥生于河北省邯郸市，其运动生涯并非一帆风顺，他最初的时候是古典式摔跤66公斤级别的选手，后改为74公斤级别的比赛，并于2004年参加了西部邀请赛，得了该级别的冠军。在第29届北京奥运会古典式摔跤中获得男子74公斤级亚军。

常永祥一开始并没有进入国家大名单，是以"编外人员"的身份留在国家队训练的，一切费用需要自理，但他的运气还不错，当国家宣布第二批集训名单时，里面才有了常永祥的名字，随后他才正式转正。

常永祥的运动生涯并非一帆风顺，他最初的时候是古典式摔跤66公斤级别的选手，由于体重不稳定，状态也不是特别好，所以他没有拿到过任何全国成绩。这让倔强的常永祥十分气馁，他也一度萌生退意，他当时的教练是王建明，看到萎靡不振的常永祥，就经常鼓励开导他，说他自身条件不错，一旦放弃就太可惜了。听到这些话后，常永祥也不断地给自己鼓劲，坚持，继续坚持。2004 年，他参加了西部邀请赛 74 公斤级别的比赛，没想到一役成名，得了该级别的冠军。此后的常永祥一发而不可收拾，陆续在各类比赛中摘金夺银。

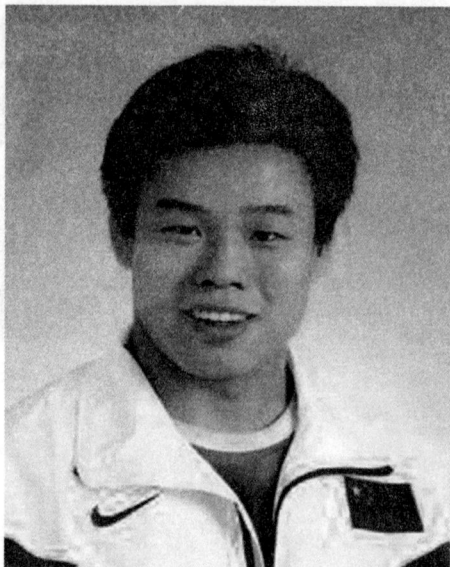

常永祥

覃和

覃和，1984 年 12 月 14 日出生于大化瑶族自治县县共和乡。1997年 9 月成为河池市体育运动学校黄义易教练的第一批学生。覃和平时训练十分认真刻苦，每天坚持锻炼，不管刮风下雨，他从未间断过，凭着执著、永不言败的精神，覃和成绩出色。

覃 和

1984 年，在广西河池市大化瑶族自治县共和乡，一个普通的男婴呱呱坠地。男婴的父亲此前已经有了个儿子，叫覃平，所以顺便给老二取名叫覃和。"平和"，这是一对相当有"禅意"的名字，不落俗套，显示出父亲颇有哲学涵养。

虽然取名覃平、覃和，但是这对兄弟却表现出不平和的性格。覃平特别喜欢打篮球，而在哥哥的影响下，覃和也很快就摸起了篮球。"那时我也就五六岁吧，非常小，可一接触后就喜欢得不得了，整天跟着哥哥打。"覃和说。

覃和是个极为活跃的小孩子，无论是在小学还是在初中，都表现出了不同于常人的灵活与机敏。1997 年，覃和迎来了生命中的一个贵人。当时第八届全运会刚结束，从广西摔跤队退役的黄义易，到大化去选苗子。结果，在众多小孩当中，黄义易一下子看中了覃和，觉得这小孩"很有灵气"。随后，覃和进入了河池体育运动学校，在启蒙恩师黄义易的指导下，开始了艰苦的摔跤生涯。

1998 年 6 月，覃和被区队看中，并进入区体育队。覃和曾荣获全国锦标赛冠军和世锦赛冠、亚军，是现役国家摔跤队运动员。2007 年世界锦标赛男子自由式 60 公斤级中，覃和取得中国历史最好成绩第五名，并获得该级别的北京奥运会参赛资格。2008 年 6 月 21 日在德国多特蒙德市举行的世界 A 级摔跤比赛中，覃和力挫群雄，勇夺 60 公斤级桂冠。

郑攀

郑攀是第十一届全运会摔跤 66 公斤级冠军，出生于 1987 年。1998 年，年仅 11 岁的郑攀进入武汉市蔡甸区业余体校，开始学习摔跤。不过，当时的郑攀，可不像现在这样有一身结实的肌肉。那时候的他，体重只有 50 多公斤，比其他的小队员都胖很多。不过，教练觉得他的身体协调能力好，才把他收进队里。

自从选择了这条道路，注定郑攀就要比别人吃更多的苦，因为他首先要做的是必须减掉一身的赘肉，"减肥，当时是我的头等大事。"为了完成这个目标，郑攀付出了旁人难以想象的努力和汗水，"别人练一个小时，我就练一个小时 20 分钟；别人一周练五天，我就练七天，总之运动量要比其他队员多一倍。"在自己刻苦训练和教练的悉心指导下，郑攀的体重很快减了下来，不久之后便参加了全国少年古典摔跤的 42 公斤级比赛，开始向着自己的奥运梦想扬帆启航。

不过，成功的道路很难总是一帆风顺，郑攀也同样如此。2002 年的一次全国青少年比赛上，信心十足的郑攀最终名落孙山，这给了他很大的打击。比赛一结束，沮丧的郑攀向教练提出"不想搞了"。那段时间是他最灰暗的日子，但是后来教练员轮番做他的工作，最终让他重新树立起了信心。在那之后，郑攀重新以百倍的努力投入到训练中。很快，他的水平得到了飞速提高，从全国古典式摔跤的少年比赛到青年比赛，再到成年比赛中都是一路过关斩将。

2005 年 10 月，他进入了国家队，并在当年和次年的青年比赛中夺得冠军。2007 年在武汉进行的城运会上，年仅 19 岁的郑攀又一举打破了武汉在摔跤项目上近 10 年无缘城运会金牌的坚冰。2009 年山东全运会上，还是大学生的郑攀充当黑马角色，先后战胜多位已颇有名气的摔跤好手，其中就有闫鹏飞及中国首个摔跤世界冠军李岩岩。

黎淑金

黎淑金来自江西，中国国家摔跤队副队长。他是 2010 年广州亚运会中国代表团成员。2011 年摔跤世锦赛，黎淑金摘得男子 55 公斤级的铜牌。目前，黎淑金代表了中国古典式摔跤的最高水平。

黎淑金出生于 1982 年，是新余市渝水区下村人。2000 年入选江西省摔跤队训练，2002 年入选国家队。他曾获得 2010 年广州亚运会男子古典式摔跤 55 公斤级铜牌；2011 年 9 月，黎淑金获得世界摔跤锦标赛男子古典式摔跤 55 公斤级季军，也因此获得伦敦奥运会的入场券。2012 年 8 月，他将首次代表中国摔跤队参加奥运会男子 55 公斤级古典式摔跤比赛。

已过而立之年的黎淑金，如今已是队中的老队员。虽然身体素质已经远不如队中的年轻队友，但若是要比谁是队中最拼命的运动员，那么非黎淑金莫属。在专业队训练时，对于教练安排的训练任务，黎淑金从来都是保质保量的完成。每天都练得精疲力竭的他，从来没有抱怨过任何人。平时训练，黎淑金从来都是严格要求自己，将训练的计划落到实处。而休假时，他也从来不去 KTV、商场、酒吧放松，用他的话来讲就是"去那些地方玩，只会让自己想得太多，根本没心思好好训练"。遇到休息日，黎淑金就在家中看摔跤比赛视频，研究对手的打法和技巧，并学以致用。

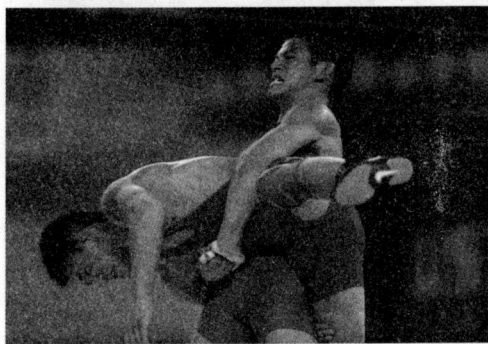

黎淑金在比赛中

回想起黎淑金平时训练时的场景，他的队友都不禁发出感叹，"从来没有见过这么拼命训练的运动员。"在休息日时，每当其他队友外出放松娱乐，而黎淑金总是一个人留在训练房中加练。每当训练完，队友们看到他肌肉抽搐、满身是汗的样子，都对这位拼命训练的师兄感到由衷的佩服。也因此，他成为了队中师弟们的偶像。

对于一名优秀的运动员来说，最难对付的不是对手，而是自己的伤病困扰。十几年的运动生涯不仅给他带来了无数经验，同时也给他留下许多难缠的伤病。但这些并不能阻止黎淑金走向成功，他依靠自己顽强的意志不断向前迈进，因为他是一名真正的强者。

孙冬梅

孙冬梅，女，北京军区体工队女子摔跤运动员，她曾在全国或世界锦标赛中屡获殊荣，曾多次站在冠军领奖台上，被称为常胜将军。

2001年，17岁的孙冬梅怀着对体育事业的执着和对解放军的崇敬与向往，从安徽省亳州市体校来到北京军区体工队当上了一名女子摔跤队员。

从此，这个文静倔强的女孩，将青春年华和一腔热情献给了部队，献给了摔跤这个粗犷的职业，献给了中国的竞技体育事业。

孙冬梅

我国女子摔跤开始于20世纪80年代，90年代初期曾在世界上取得过辉煌战绩，但因为当时女摔不是奥运会项目，这一运动遭到冷遇。2001年，国际奥委会执委会决定在雅典奥运会上增设女子摔跤，为这个项目带来了生机。北京军区体工队为此组建了我军惟一的一支女子摔跤队，来自部分省、市、自治区的二十几名女子摔跤运动员到这个"大熔炉"里百炼成钢。

初来乍到的孙冬梅由于生活习惯、训练环境等一些因素的影响，还不大适应。但在主教练曲忠东的培养带领下，经过一段时间的调整，她

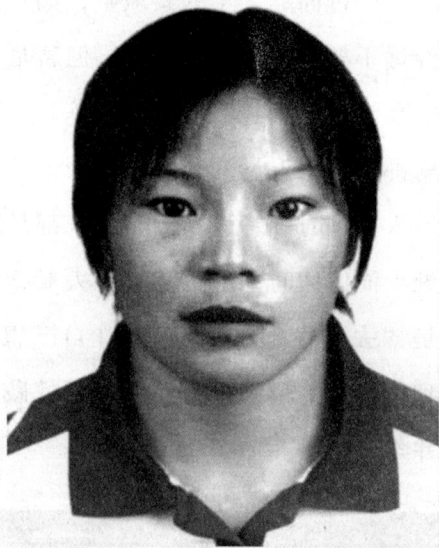

很快就如鱼得水，进入状态，投入到紧张的训练中。摔跤训练艰苦乏味，运动员长年累月在跤垫上摸爬滚打，每一次训练都是对自身生理和心理的极大挑战。孙冬梅凭着一个誓夺冠军的信念、一股不屈不挠的劲头，勇敢地接受考验。常常在训练场上一待就是一整天，不厌其烦，反复琢磨动作要领，汗水湿透跤衣，擦一擦接着练；脚腕肿了，揉一揉坚持练，她付出了比别人多几倍的心血。平时她主动加班加点训练，有意磨练自己，每天坚持跑一遍 5 公里，做 50 个俯卧撑和仰卧起坐等辅助练习。清晨当别的运动员还在梦乡的时候，她悄悄地爬起来训练；晚上当别的运动员已经休息的时候，她还在孜孜不倦地钻研不熟练的动作。队友们说她"训练连命都不顾，真是个'拼命三郎'"。

冠军台上的"长胜将军"

功夫不负有心人，孙冬梅的汗水没有白流，她很快就成为北京军区女子摔跤队中的佼佼者，崭露头

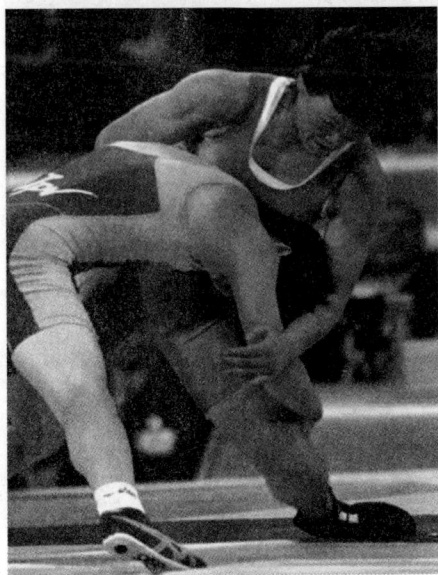

训练中的孙冬梅

角。来队当年，她就夺得了全国女子摔跤冠军杯赛、锦标赛和亚洲锦标赛 56 公斤级冠军。2002 年，根据国内外女子摔跤项目的形势和需要，她比赛的级别改为 55 公斤。虽然只降一公斤，但摔跤项目是以力量为基础的，运动员必须具备强壮的体质。加之，摔跤训练消耗体力特别大，运动员饮食一不留神就会超体重。既要始终保持充沛的体能，又不能超体重，是一件很残酷

的事情。为了在比赛前降到标准的体重，每次她都要穿上厚厚的降体重服反复跑步，有时要在高温的桑拿室里蒸上几个小时。在这期间她不能多喝水、多吃饭，还必须进行大运动量的训练，保持良好的竞技状态。来自身体和心理的痛苦可想而知，她咬紧牙关挺了过来，凭借超人的意志和顽强的作风，不断向更高的目标攀登冲刺。

辛勤的耕耘换来了丰硕的成果，孙冬梅成为国内女子摔跤项目55公斤级的"长胜将军"，接连夺得2002年、2003年、2004年全国女子摔跤冠军杯赛和锦标赛的冠军，还夺得了2002年在加拿大举办的世界大学生运动会女子摔跤亚军、2003年在美国举办的世界女子摔跤锦标赛第四名、2004年在雅典举办的奥运会第七名。

王旭

王旭是中国第一个获得奥运会女子摔跤冠军的女运动员。2004年雅典奥运会冠军。她8岁进入北京市西城庄月坛体校，13岁进入北京摔跤队。

摔跤奥运冠军——王旭

除了摔跤，王旭比较精通的运动项目还有篮球和足球。不过王旭苦恼的是，虽然自己很爱打篮球，但是投篮却不怎么准，也不知道自己为什么总投不进去。不过踢足球，身体很棒的她还是有些优势的，如果跟男生踢，王旭就是后卫，不过一般都找不到球，但如果跟女生踢，王旭就打前锋，有时候小场比赛，王旭能打进十多个球呢！

身体是运动员的本钱，摔跤和举重一样，都要在大赛前降体重，这着实是很痛苦的一件事儿。"我们就是穿控体重衣跑步，那种衣服就像雨衣一样，不透气的，疯狂地出汗，然后再控制饮食，我们跟举重的还不一样，他们喜欢蒸桑拿，我们一蒸就没劲了，呵呵。我也不知道怎么回事儿。"

王旭的降体重与一般女孩子的减肥的性质是不同的，王旭的打扮也是不同的。首先，王旭说自己从来没有化过妆，训练之后从来不会特别打扮。正是爱美的年龄，王旭也一样，几天不用训练，她就把自己的手指甲给染了，不过是透明的那种亮色，"如果明天训练，我就马上给洗掉，教练会说的。"

王娇

王娇是中国女子摔跤冉冉升起的一颗新星，曾经夺取包括 2005 年十运会和 2007 年世界青年锦标赛等多项荣誉，王娇所在的女子 72 公斤级是中国女摔的优势级别。

2005 年，王娇夺得亚锦赛冠军；紧接着她又在十运会上摘得金牌。而在 2007 年的世界青年锦标赛上，这位中国小将轻松获得冠军。那时在中国国内，王娇是这个级别实力最强的选手。前两场比赛，王娇的表现相当不错。半决赛，这位中国小将出战日本名将滨口京子，后者的实力强劲，因此对王娇而言这绝对不是一场轻松的比赛。第一盘比赛，王娇与滨口京子展开激战，双方在前 2 分钟的自由进攻时间里都表现不俗。滨口京子率先拿下 2

王旭精彩动作

分，不过紧接着王娇在现场观众的加油中发威连得 5 分。随后 30 秒的各自进攻时间，王娇与滨口京子都没有得分。这样，王娇艰难赢得首局胜利。第二局，王娇突然大爆发，在该局只打了 45 秒的情况下，这位中国小将迫使滨口京子双肩着地。

根据摔跤比赛规则，但凡选手双肩着地便算输，因此王娇以压倒性的优势击败滨口京子，顺利跻身决赛。赛后的评分显示，王娇的技术总得分是 8 分，滨口京子则是 2 分。而名次分上，王娇是 5 分，滨口京子一分未得。王娇将与保加利亚名将丝坦卡-兹拉特娃与波兰选手阿格涅什卡-维斯切克之间的胜者争夺金牌。

每个冠军的背后总有些不同寻常之处，王娇同样如此，不过这位女子摔跤新星竟然是从柔道队走上体育道路。1988 年，王娇出生在沈阳市苏家屯区一个普通农民家庭。由于是独生女，父母也希望女儿能成为娇气的小公主。但随着孩子一天天长大，父母发现王娇并不像其他女孩子那般喜欢安静。回忆自己的童年，王娇表示自己从小身体就很好，总喜欢蹦蹦跳跳，和男孩子一样淘气，喜欢各种体育运动，跑跳投样样都在同龄孩子里成为佼佼者。

王娇 13 岁的时候，被苏家屯区体校柔道教练王永波相中。王永波非常看重王娇，尽管王娇自己却并没有任何感觉，认为自己当时就是喜欢体育，至于搞什么项目并没有明确的目标，就这样王娇就"稀里糊涂"地进了柔道队。由于当时正赶上辽宁省女子摔跤队教练路海选材，一个偶然的机会，王永波向她提起找到了一个好苗子，路海立即前往苏家屯考察王娇，于是王娇就从柔道队来到了摔跤队。

女孩子从事摔跤运动，很多人都无法理解。王娇在刚开始练摔跤的时候，她家的一些亲戚朋友也持反对态度，他们都认为女孩子应该文静一些，成天摔摔打打的，不成体统。可是，王娇却坚持自己的选择，同时她也赢得了父母的赞同。

"王娇非常能吃苦，训练也非常刻苦。"路海在谈到王娇入队后的表现时这样评价。而专门负责队员生活和管理的领队康士华则表示王娇非常有个性，像男孩子一样能吃苦，从来不因为训练艰苦而流泪，身上破了一道口子、流点血都不在乎。王娇在一次训练中腿部脱位，但她一声也没有吭，仅有的几次哭泣都是因为对自己做的动作不满意气哭的。

夺冠军后的王娇被教练抱起
拿着国旗绕场欢呼

王娇的实力早就已经在国内处于领先位置，但她对自己的实力还不是很清楚。王娇练习摔跤只有一年半的时间以后，她就取得全国城运会亚军。2004 年是王娇的转折点，她转攻 72 公斤级，并且进入国家青年队，此后她连续三年取得全国冠军，并在 2005 年夺得亚洲锦标赛冠军和世界锦标赛第五名。十运会上，王娇不负众望，击败吉林选手马柏灵，为辽宁省摘取当届全运会的第一金。

按正常规律，摔跤运动员队员要想出成绩需要六年，但是王娇只用了一年半，这简直就是个奇迹。2007 年世界青年锦标赛，王娇一路以大比分取胜，在决赛中对阵俄罗斯名将叶卡捷琳娜-布金娜，同样赢得十分轻松干脆利落地取得冠军，展示了突出的力量和技术。2008 年王娇不负众望取得北京奥运会自由式摔跤女子 72 公斤级冠军。

景瑞雪

2012年伦敦奥运会女子摔跤63公斤级决赛，中国选手景瑞雪摘得银牌。面对如下山猛虎般的日本名将伊调馨，景瑞雪未能延续之前的出色表现，以0∶2输掉了女子自由式摔跤63公斤级的决赛。伊调馨完成了奥运会的三连冠，景瑞雪则为中国队添上一枚银牌。

比赛中的景瑞雪

景瑞雪曾两次夺得世锦赛冠军，而在世界杯赛上最好的名次是亚军。

PART 13 历史档案

中国摔跤历届奥运奖牌

1992 年巴塞罗那奥运会

  男子古典式 57 公斤级 盛泽田 铜牌

1996 年亚特兰大奥运会

  男子古典式 57 公斤级 盛泽田 铜牌

2000 年悉尼奥运会

  男子古典式 58 公斤级 盛泽田 铜牌

2004 年雅典奥运会

  女子自由式 72 公斤级 王旭 金牌

2008 年北京奥运会

  女子自由式 72 公斤级 王娇 金牌

  女子自由式 55 公斤级 许莉 银牌

  男子古典式 74 公斤级 常永祥 银牌

2012 年伦敦奥运会

  女子自由式加 63 公斤级 景瑞雪 银牌